生命，因閱讀而大好

凹まない100の習慣

拯救低潮身心的

自我照顧提案

心理學・營養學 解憂處方×溫暖插畫，

100則日日療癒好習慣

工藤孝文——著

Emiko Koike（こいけえみこ）——繪

米宇——譯

Preface

透過習慣，改變「正在忍耐」的自己

目前，在我任職的醫院門診中，由於精神方面或出現身心症狀而前來的女性患者正急速增加中。

然而，並不是每位患者都能確定診斷出明確的病名。

具體來說的症狀，大概是「常常覺得很累」、「提不起幹勁」、「覺得很不安」、「很焦躁」……等等。

這些症狀的背後有各式各樣的原因。

譬如說，對未來模糊的前景感到不安，或者來自日常生活和人際關係的壓力。每個人的原因可能都不盡相同。

然而，其中的共通之處就是「過度忍耐」這一點。

就算你完全沒有意識到自己正在忍耐，但其實身心都在哀號；結果，這些不適就表現在心理或身體上，出現了各種症狀。

即使沒有明顯的疼痛，患者還是隱約感受到身心的不適。

許多人都因為長期持續的苦悶感，感到不安、壓力龐大而瀕臨崩潰。

縱使如此，卻還一直想著「也不是只有我這樣，大家都在同樣的狀況下努力撐著，所以絕對不能示弱」，責任感越強的人，越會強迫自己甩開那些悶悶不樂的感覺。

此時，請稍微回顧一下你的日常生活。例如，當你感到有些疲憊或狀況不佳時，是否發現自己的思維和行為一直在同樣的循環中？有沒有嘗試過改變一些習慣或做些不同的事情？

在面對面交流機會逐漸減少的情況下，擁有關於「自己」的思考時間是非常重要的。

「我很糟糕」、「非常不安」、「很焦慮」……內心一直持續這種狀態的話，當然也會影響到身體。

最重要的是，「覺察」到自己現在的狀態。

然後，將自己的思維和行為中的壞習慣，轉變為好的習慣。

本書就是為此而撰寫的自我照顧提案！

接下來將介紹在進行自我思考、回顧自身時，每個人都能迅速著手，雖然簡短、容易卻十分必要的一百個行動。

習慣，是透過積累來發揮巨大力量的。

「改變習慣就能改變人格，改變人格，就能改變命運。」美國心理學者威廉．詹姆士（William James）這麼說。

因此，請好好地覺察現在自己的狀態，並且透過習慣的改變，塑造出無論在什麼情況下都「不會沮喪」的自己。好好注重你所培養的習慣，甚至可以逆轉人生！

為了讓大家能從任何一頁開始輕鬆閱讀，書中每個主題都用一個跨頁呈現。請用 Emiko Koike 小姐夢幻又可愛的插畫療癒自己，並且從喜歡的地方開始你的閱讀之旅吧！

本書常出現的詞彙解說

◎自律神經（交感神經．副交感神經）

自律神經是一種神經系統，負責控制內臟功能和體溫等機能，無論個人的感受如何，二十四小時都持續不斷運作著。自律神經分為兩部分：白天或活動時活躍的「交感神經」，以及夜間或放鬆時活躍的「副交感神經」。當「交感神經」占主導地位時，血壓會上升，身心會處於興奮狀態；當「副交感神經」強烈工作時，血壓會下降，心跳速率減少，身心會處於放鬆狀態。正是這兩者的平衡運作，維持了健康。

◎免疫

免疫是指一種自我防禦系統，負責監視和擊退外來的細菌或病毒。免疫系統非常精密，如果沒有這個系統，人們會迅速感染各種疾病。當免疫力下降時，人們更容易染上細菌或病毒引起的疾病，而肌膚問題、過敏反應、腹瀉、疲勞等問題也更容易出現。

◎血清素

這種荷爾蒙具有調整心理平衡的作用，被稱為「幸福荷爾蒙」。當「血清素」分泌正常時，可以抑制其他神經傳遞物質的過度活躍，幫助保持平常心。此外，血清素還是「睡眠荷爾蒙」——「褪黑激素」的原料之一，是優質睡眠不可或缺的成分。如果血清素不足，我們就會容易感到煩躁或情緒低落。

◎多巴胺

當有愉快或好事發生時，就會分泌這種荷爾蒙，稱為「幹勁荷爾蒙」。當「多巴胺」分泌時，會激發意願，讓人想做更多愉快的事。由於它具有依賴性，有時被稱為「腦內毒品」。

◎催產素

和「血清素」一樣，催產素能讓心情沉穩安定，被稱為「療癒荷爾蒙」；它會在親密的人際溝通中，如皮膚接觸等情況下分泌。當親密的人觸摸你時，分泌的「催產素」會讓你感到溫暖和幸福。

◎皮質醇

當身心受到壓力時，這種荷爾蒙會迅速增加分泌量，也被稱為「壓力荷爾蒙」。當我們長時間暴露於壓力中，會使大腦中的「海馬迴」萎縮，影響到身體的狀況。例如，在面對如演講等緊張情境時，皮質醇的量就會在十至二十分鐘之內，上升二至三倍左右。

目錄

第2章 「就是覺得狀態很差」的調整習慣

第3章 「我好糟糕」的調整習慣

第4章 「提不起勁」的調整習慣

第5章 「心情沉悶」的調整習慣

第6章

「無法抑制不安」的調整習慣

第7章 「焦躁」的調整習慣

第 1 章

「常常覺得很累」的調整習慣

Care Proposal

1

100

無論假日、平日，都在同樣的時間起床

「累積了一週的疲勞，所以想懶懶散散地睡覺」、「下週工作很忙，所以要趁現在先睡起來放」……我十分了解這樣的心情，碰到假日，就會想這樣一直睡下去呢！然而，想要「先睡起來放」反而會累積疲勞哦！為什麼這樣說呢？

這是因為我們體內所具有的「時鐘基因」，也就是所謂「生理時鐘」的節奏被打亂了的關係。陽光可以調整紊亂的節奏。每天早上確實地沐浴在陽光下，可以調整生理時鐘的節奏，讓你保持精神狀態度過一整天。如果紊亂的節奏一直持續下去，就可能產生睡眠障礙、肥胖或憂鬱症等風險。

假日時，每個人都會忍不住懶散悠哉起來，但不確實消解疲勞的話，也無法重新打起精神來吧？為了避免這樣的後果，請有意識地養成和平常一樣的時間起床、沐浴在朝陽下的習慣。如此一來，心情也會自然變得積極陽光起來哦！

Care Proposal

2

100

早上喝一杯牛奶，睡眠更優質

小時候每天吃早餐或午餐時都有機會喝牛奶，但長大後，多數人只會在拿鐵中喝到牛奶吧？然而，你知道嗎，其實牛奶能幫助入睡，也有提高睡眠品質的效果哦！牛奶中含有色胺酸這種胺基酸，色胺酸進入體內十五個小時之後，會轉變成睡眠荷爾蒙「褪黑激素」，能讓你得到優質的睡眠——也就是說，與其晚上喝熱牛奶，其實早上喝比較有效果。

除了牛奶之外，豆類製品、雞蛋、堅果和香蕉等也含有大量色胺酸。不妨在早上吃這些食物，到了晚上就能轉換成許多褪黑激素，有助於進入優質睡眠。

我推薦的早餐菜單是生雞蛋糙米飯＋納豆，餐後喝一杯牛奶，就能得到優質的睡眠哦！

MILK

Care Proposal

3

100

早餐不要只吃吐司，低GI更健康

應該有很多人是「早餐吃吐司派」吧？在忙碌的早晨可以輕鬆取得的吐司，是非常方便的食物。然而，甜甜的點心麵包、蓬鬆柔軟的麵包、白吐司等，對於健康都是必須注意的食物品項。近來，為了維持健康，「GI值」（Glycemic Index，升糖指數）這個詞彙十分受到矚目，這是表示飯後血糖值上升多少的指數，數值越高，表示吃進身體後，血糖值越容易上升。血糖值過度上升或下降，都會對身體造成很大的負擔，不只疲勞度倍增，也是引起情緒不穩定、憂鬱狀態或肥胖等狀況的主因。雖然吃東西之後血糖值本來就會上升，但上升的波段盡量以平緩為佳，比較不會危及健康。

因此，GI值是十分重要的。像是選擇全麥麵包、黑麥麵包等GI值較低的麵包，另外加上水果或雞蛋，就能享用一頓營養均衡的美好早餐，也不會讓血糖值急遽上升了！

Care Proposal

4

100

總之，讓身體動起來！

工作上發生討厭的事情、和伴侶不愉快的時候……身處於這個世界中，很難不與壓力共存，任何事情都會蓄積壓力。你平常的減壓方式是什麼呢？或許有很多人在度過忙碌的每一天之後，除了「滑滑手機、喝喝酒，然後就去睡覺」之外，也無法做什麼了吧？

當壓力積累時，我們會處於持續緊張狀態，僵硬的心情和身體需要被放鬆和舒緩。為此，與其讓身體休息，不如讓身體動起來。輕度的拉伸、瑜伽，或者打掃房間等，總之要嘗試活動起來。不需要做到筋疲力竭，重點是不要過於勉強自己，應該以放鬆為目標。這樣，緊繃的心情和身體就會逐漸舒展開來。

Care Proposal

5

100

早上做些輕鬆的運動，開啟美好的一天

就算只是多一分一秒也好，就想多睡一點；常常覺得身體很疲憊，即使鬧鐘響了也很難起床……你每天早上都是如此嗎？雖然不至於需要去醫院，但內心和身體感覺都很憂鬱，當你有這種感覺時，比起注意吃了什麼或增加休息時間，更重要的是「調整生理時鐘的節奏」。

之前也提到，調整生理時鐘節奏最佳的方法，就是沐浴在晨光之中。確實地曬曬早上的太陽，可以打開生理時鐘的活動開關。

此外，習慣在早上進行一些輕度運動，也可以增加「幸福荷爾蒙」血清素，不僅有助於緩解負面情緒，同時提高夜間的睡眠品質。盡可能地不要使用遮光窗簾，起床後打開窗簾，讓全身沐浴在陽光之下吧！早晨進行伸展、瑜伽或散步都是非常好的選擇，能讓一天擁有美好的開始。

Care Proposal

6

100

避開飲料的憂鬱陷阱

只要到便利商店或超市裡，就可以買到各式各樣的瓶裝、罐裝飲料，還有特別的期間限定商品，放眼望去的各種飲品都讓人好想喝喝看。茶類、牛奶、果汁或碳酸飲料等無酒精飲品，喝了都會給人帶來清新舒暢的感覺——然而，有報告指出，一天飲用超過兩罐保特瓶飲料的人，與不喝的人相比，得到憂鬱症的機率高了約百分之三十，原因就在於飲料中所含的糖分。尤其是倡導具有減肥效果的零卡飲料，導致憂鬱症的傾向會更為顯著。

近年來，連礦泉水也出現添加味道的產品，這種已經不是水，而是飲料了——平常不知不覺中喝進嘴巴的各種飲料或減肥飲品，是有可能導致憂鬱症上身的，必須特別留意。如果你現在每天都喝瓶裝飲料，請改喝無糖茶或水吧！

Care Proposal

7

100

想改善焦慮，請停止順便購買零食的習慣

「焦躁的時候就想吃甜食」、「只要吃甜點，就覺得疲勞都消失了」、「雖然肚子不餓，但不吃點東西就覺得嘴巴癢癢的」、「碰到碳水化合物和甜點就無法忍耐，會爆吃一頓」……你是否也有這樣的心情呢？只要符合其中一項，就有醣類中毒的可能。所謂醣類，不只包含甜點等有甜味的食物，白飯或麵包等碳水化合物中也有，是大腦所需能量的來源之一。

當醣類進入體內、傳達到大腦時，就會分泌出「幹勁荷爾蒙」多巴胺這種腦內啡——這就是吃甜食會讓人感到幸福的理由；但反過來說，這種欲望會逐漸增強，最後導致不攝取醣類就無法得到幸福感，因此情緒會變得激動，也容易變得焦躁。

所以，首先不如先改改在購物時不小心就買零食的習慣吧！

Care Proposal

8

100

一天三餐，打造不易疲憊的身體

各位一天吃幾餐呢？應該有很多人會以減肥、很忙等各種理由，一天只吃一餐或二餐吧？不吃早餐、午餐只吃沙拉……這種嚴苛的生活，會成為倦怠、疲憊的原因。在東洋醫學*中，規律的飲食習慣可以調整身體的節奏，預防生病。如果減少用餐次數，身體中的能源不足，就會產生用以代替能源的酮體。酮體的確是優質的能量來源，但只要超過一定的量，就會引起倦怠感、疲憊感，甚至引起頭痛。極端限制醣類的攝取時也會產生酮體，所以長時間空腹、極端限制醣類，就是容易疲累的原因。因此，一天之中規律攝取營養均衡的三餐是非常重要的。

另外，吃點心的時間建議訂在最不容易發胖的下午三點左右。一起攝取身體所需要的營養，打造不容易疲憊的身體吧！

＊或稱東亞傳統醫學，是指源於東亞的傳統醫學。

Care Proposal

9

100

改善腸內環境，讓心情更安定

大家應該都知道，心靈與大腦是有連動關係的；然而，你知道嗎？情緒其實與腸子也有關係哦！事實上，腸子被稱為「第二個大腦」，會大大地影響心理！緊張或有壓力時就肚子痛，心情低落時就沒什麼食欲……像這樣，大腦感覺到壓力時，腸子就會產生不適；相反地，腸子狀況不好時，壓力也會傳達到大腦，帶來負面的影響。

尤其是心情憂鬱的人，許多人常會反覆地便祕與腹瀉。這是因為，被稱為「幸福荷爾蒙」的血清素，幾乎都是從腸子所分泌的。因此，當你覺得莫名地憂鬱時，請確認看看腸子的狀態吧！要調整腸內環境時，可以積極地攝取發酵食物、藻類等富含水溶性纖維的食物，以及含有果寡糖的香蕉等。如此，心情和腸子的狀態應該都會安定下來哦！

Care Proposal

10

100

炸物和憂鬱症有關！

炸雞、炸豬排、可樂餅、洋芋片……大家都很喜歡吃炸物吧？明知道熱量很高，但還是忍不住接連吃下肚。然而有研究指出，吃炸物的頻率越高，得到憂鬱症的風險也越高——這和炸油中含有的 Omega-6 脂肪酸攝取量有關。

大家都知道魚類所含有的 Omega-3 脂肪酸對健康有益，是必須積極攝取的成分之一。我們的身體需要油脂，在情緒調節上尤其扮演極為重要的角色，但當 Omega-3 脂肪酸和 Omega-6 脂肪酸沒有達到平衡時，就會導致情緒失衡崩潰，容易產生憂鬱症。

我們的生活中容易無意識地一直攝取 Omega-6 脂肪酸，使得情緒難以平衡。所以，請盡量控制吃炸物的量，並且多攝取魚類哦！

Care Proposal

11

100

晚餐吃雞胸肉，幫助消除疲勞

雞胸肉是優質的減肥食材，脂肪少且含有豐富的蛋白質，不只利於減肥，對每天忙碌的女性來說更是救世主般的存在。雞胸肉含有豐富的咪唑二肽，這是一種可以幫助消除疲勞、抑制細胞損傷、有抗老化功能的胺基酸。晚餐時食用一盤一百公克的雞胸肉，疲勞就不會殘留到隔天。每天都吃的話，漸漸地就不會那麼疲累了，是可以納入每日菜單中的食材。

話雖如此，但雞胸肉很容易乾柴，很多人不太知道該如何料理。想做出濕潤的雞胸肉料理，重點就在於「不要過度加熱」與「使用太白粉」。在整塊雞胸肉上灑上太白粉，放入沸騰的熱水中，關火、蓋上蓋子，約二十至三十分鐘就完成了。以這種方式料理的雞胸肉十分耐放，也很推薦當作冰箱中的常備食材，請務必嘗試看看！

Care Proposal

12

100

寫下喜歡的事物，讓大腦分泌幹勁荷爾蒙

你喜歡什麼東西呢？你在做什麼事時會感到愉快呢？許多人在忙著工作、家事時，內心會越來越不快樂，到最後根本不知道自己喜歡什麼了。這種時候，請寫下「喜歡的清單」並且依序實行，像是觀賞想看的連續劇、做甜點、打電動、看展覽……選擇你喜愛且可以一頭栽進去做的事情吧！沉浸在喜歡的事情中，腦中會分泌「幹勁荷爾蒙」多巴胺，讓你感到興奮且充滿活力。

有煩惱時，很容易滿腦子都在想同一件事，這時做點喜歡的事，可以稍微拉開與煩惱之間的距離，回到原本的自己。從可以輕鬆做到的事開始，打開腦中的積極開關，重拾你的活力吧！

Care Proposal

13

100

用三十分鐘的運動取代一錠抗憂鬱藥

想必有很多人是在辦公室工作的吧？如果總是沒有活動身體，只運轉大腦，就很容易覺得疲累哦！工作結束後，明明沒怎麼動卻覺得全身無力……事實上，「只有大腦覺得疲累」的狀態，原本就是最讓人感到壓力的時候。相反地，就算身體很累，只要大腦還很有活力，就不會感覺到壓力。只要運動，大腦內會分泌讓精神安定的血清素，具有預防、改善憂鬱症的效果。

據說「進行三十分鐘稍微有點辛苦的運動，具有可與一錠抗憂鬱藥匹敵的效果」。只有頭腦覺得很疲累的時候，請務必進行稍微有點辛苦的運動，讓心情和身體都變得輕盈吧——快走三十分鐘、睡前的夜跑也是很有效的壓力消解法！

Care Proposal

14

100

就寢三小時前吃完晚餐，讓大腦和身體好好休息

明明睡很久卻還是很疲勞，如果你也有這種感覺，請務必重新檢視晚餐時間。睡眠與進食乍看之下好像八竿子打不著的關係，但其實息息相關。進食過後，我們的胃腸就忙著消化食物、吸收養分；如果在這個狀態下去睡覺，大腦和身體都無法好好休息，就算進入睡眠也會是淺眠的狀態。

吃完飯後想睡覺，也是身體為了讓胃腸工作的機制。胃腸工作到一個段落大概需要約三個小時，所以若想讓大腦和身體完全休息，最好在睡前三個小時結束進食。如果凌晨十二點要睡覺，就要調整成在晚上九點前吃完晚餐。另外，含脂肪較多的食物，會需要更多時間才能消化，所以要早一點吃完。時間太晚的話，建議吃點容易消化的輕食就好。

Care Proposal

15

100

睡覺前不碰智慧型手機，更好入眠

應該有很多人鑽進棉被後，還會滑手機到快睡著為止吧？智慧型手機或電腦的液晶螢幕會發出藍光，這種非常強烈的光線會讓大腦誤以為還是白天，因此減少睡眠荷爾蒙褪黑激素的分泌量。白日活動、晚上睡覺的生理時鐘節奏，會因為晚上看智慧型手機而變得紊亂。此外，就算睡眠時間相同，睡前滑手機也會影響睡眠品質，可能會常常作夢，或是睡到半夜醒來……不僅無法消除疲勞，就連白天也會覺得疲憊。

其實，睡前瀏覽手機所得到的各種訊息，都是隔天就會忘光光的東西。為了提高睡眠品質，請在就寢兩個小時前就遠離智慧型手機或電腦。

想舒服地度過夜晚的時刻，避開刺激是最重要的。

Care Proposal

16

100

在睡前二小時洗澡，體溫上升更好睡

當每天都過得很忙碌時，很容易就只會隨便沖澡了事。尤其在炎熱的夏天，泡澡更是讓人興致缺缺。但是，為了得到優質的睡眠，養成每天泡澡的習慣是非常重要的。

當人們準備入睡時，體內的溫度會緩緩下降，代謝也會下降，為睡眠做好準備；感到睏倦時，手腳會變得溫熱，是因為身體要散熱的緣故。在這個過程中，體溫下降的幅度越大，大腦的溫度會越低，越容易入睡。因此，好好泡個澡，讓體溫上升，就能順利入睡。夏天時，可以選擇在睡覺前一至二個小時入浴；冬天則因為容易著涼，所以在睡前一個小時泡澡最理想。泡澡水的溫度請調整至攝氏三十八度左右，如果水溫過熱，會使交感神經活躍起來，可能反而不容易睡著。

泡澡時間約十分鐘左右最佳。雖然一邊滑手機或平板，一邊慢慢地泡澡很愉快，卻會使體溫上升太多，因此並不推薦。

Care Proposal

17

100

做頭皮按摩，改善血液循環

頭皮內側有前額肌、側頭肌、後頭肌等肌肉，是由自律神經所控制的。和肩頸痠痛一樣，當疲勞或壓力累積時，頭皮內側的肌肉也會變得緊繃。若是置之不理，血流與淋巴會堵塞，繼而引發身心不適。尤其是長白頭髮、頭髮變細或掉髮等髮質問題，另外還有與頭皮相連的臉部鬆弛或皺紋、色斑等肌膚老化問題，都可能出現。

如同伸展和運動可以放鬆身體，頭皮也要仔細按摩放鬆才行。在洗頭髮時，有意識地以手按摩，讓血液循環變好，可以調節自律神經、活化下視丘。如此一來，自律神經的平衡會得到改善，身心也能放鬆。每天在洗頭時放鬆緊繃的肌肉，偶爾也要給自己一點獎勵，去做點頭皮ＳＰＡ或瑜伽，好好放鬆一下吧！

Care Proposal

18

100

燃燒脂肪&讓大腦放鬆的冷泡綠茶

含有咖啡因的飲品具有讓人清醒的效果，所以許多人會在早上或工作中攝取咖啡或紅茶。但是你知道嗎？綠茶雖然也是含咖啡因的飲品，卻具有放鬆效果哦！

「明明有清醒效果，為何也有完全相反的效果呢？」或許也有人會這樣想吧？事實上，用冷泡的話，綠茶就很難釋放出咖啡因，反而會萃取出「鮮美元素」茶胺酸。茶胺酸是胺基酸的一種，可抑制大腦的興奮度。另外，攝取茶胺酸時，對大腦會產生α波，具有放鬆效果，很適合消除疲勞。更讓人開心的是——還有燃燒脂肪的效果。

做法也很簡單，將茶葉放進水壺中，倒入冰涼的冷水就可以了，急速的冷卻能讓茶葉更容易釋放出茶胺酸。覺得用腦過度或疲憊時，不想攝取過多咖啡因的話，請務必在睡前喝喝看冷泡綠茶哦！

Care Proposal

19

100

減少溫差，恢復自律神經平衡

炎熱的夏天，室內卻因為開著冷氣而寒氣逼人；寒冷的冬天，只要一跨進室內就暖到流汗——近年來，室內與室外出現了很大的溫差。

自律神經對溫差非常敏感，一不小心就會失去平衡。就算只是稍微感到一點溫差，要恢復自律神經的平衡，據說就需要約三至四小時。因此，在炎熱的夏天，流著汗水要進入開著冷氣的室內時，在身體冷卻之前，就先穿上長袖開襟衫或披上毯子吧！冬天時，也不要因為距離很近就不穿外套出門，就算只外出五分鐘，也要徹底做好防寒措施才行。

感覺到「好熱」、「好冷」的時候，就是自律神經紊亂的徵兆。在公共場所時，由於無法調整空調溫度，所以必須常備外套，盡可能以此調節自己的體溫。透過盡量減少溫差，來調整自律神經的平衡吧！

第 2 章

「就是覺得狀態很差」的調整習慣

Care Proposal

20

100

冰飲可能導致自律神經與荷爾蒙紊亂

在寒冬做好完整防寒策略的人，天氣熱的時候也會喝放了冰塊的冰飲，或是穿著露出腿或肩膀的薄衫。然而，防寒策略不只在冬天很重要，夏天時也很重要哦！

你是否有聽過「寒冷是萬病之源」這句話呢？寒冷會使新陳代謝與免疫力下降，自律神經與荷爾蒙的平衡紊亂，造成各種不適。尤其是身負產出全身熱能重責大任的腸子，一受寒就會產生不適。請摸摸看肚子四周，與心臟周圍相比，感覺如何呢？如果覺得冷冷涼涼的，那就有腸子受寒的可能。如果常吃冰涼食物、運動不足、姿勢不良、喜歡穿緊身的服裝，這樣的人腸子寒涼的可能性很大。

就算是夏天，長時間待在冷氣房中，身體就會受寒。所以就算是大熱天，也請盡量避免飲用冰飲，有意識地攝取常溫飲品或溫暖身體的湯品。此外，也要善加利用襪子、肚圍和毯子幫身體保暖。

Care Proposal

21

100

每天做五分鐘左右的伸展

在宅工作已十分普遍，在家待的時間變長之後，運動不足的人也多了起來。持續運動不足的話，身體會變得硬邦邦的，心情會感到緊繃，也無法消解疲勞；此外，血流也會遲滯，免疫細胞無法傳達到全身，導致免疫力下降，容易覺得冷。雖然這麼說，但每天都要辛苦地運動真的很麻煩呢！

對這樣的人來說有個好消息——為了美容與健康，運動只要適度就可以了。有沒有聽過運動員容易感冒的傳聞呢？這是因為運動過度反而會讓免疫力低下。那麼，適度的運動究竟是怎樣的程度呢？答案是每天「五分鐘」左右。這樣就可以了嗎——你是不是也覺得很驚訝呢？然而，有沒有覺得這樣就可以不勉強地持續下去了呢？在辦公室工作的人請著重於尤其容易僵硬的肩頸，站著工作的人就以雙腳為中心進行伸展，可因此消解寒冷，並提升免疫力。每天五分鐘，全身緩緩地好好伸展一下吧！

Care Proposal

22

100

假笑也沒關係，笑就對了！

很累的時候，或是難過到提不起精神時，就算是假笑也好，提起嘴角露出笑容看看吧！只要露出笑容，就算不是打從心裡覺得快樂，大腦也會以為「有開心的事情發生了」而分泌「幸福荷爾蒙」血清素，以及讓人感到幸福的腦內啡——效果竟然能與得到兩千個巧克力的幸福感相匹敵！縱使無法一口氣吃兩千個巧克力，但露出笑容，或是看搞笑節目讓自己笑一笑，卻是很簡單就可以做到的。

笑的時候腦波中的α波會增加，不僅會感覺放鬆，也會增加大腦的活動力，主掌免疫機能的自然殺手細胞（Natural Killer Cell，簡稱 NK Cell）會活性化而提升免疫力，並且調節自律神經的平衡。

笑所帶來的好處比大家想的更多。總是笑著的人，會給人充滿活力、很有精神的印象，或許是笑所帶來的效果也說不定！

Care Proposal

23

100

每天睡足七小時，啟動大腦恢復力

現代人每天汲汲營營，很難維持充足的睡眠。數據顯示，多數人常常感到睡眠不足，而為了補充平常不足的睡眠，假日時就一直睡，終於起床時都已快要傍晚了……你是否有這樣的經驗呢？

不過，睡眠不只是為了休息，也有修復身體的重要功能。睡眠不足時，專注力和注意力都會下降，容易感到疲累，更糟的是還會造成肥胖。由於抑制食欲的荷爾蒙分泌減少了，無法克制食欲，所以容易變胖。

雖是這麼說，但睡眠時間過長，對身體也有不良影響，甚至可能罹患憂鬱症。理想的睡眠時間約七小時左右，若是真的無法得到充足睡眠，就盡量以多次小睡補滿「總時數七小時」吧！白天的小睡，也能讓疲憊的大腦與身體回復體力哦！

Care Proposal

24

100

一天七次，聰明地攝取水分

你有每天排便嗎？大腸是被自律神經所控制的臟器，若因為壓力或生活習慣紊亂，導致自律神經失去平衡，蠕動就會降低，導致便祕的情況。運動不足、食物纖維不足、腹肌太弱、胡亂節食等，都容易引起便祕。

理想的排便時間，是早上起來後馬上進行。以此為目標，我們要養成聰明攝取水分的習慣——那就是每次喝一杯（二〇〇毫升）左右的水，一天總共喝七次。如果一口氣喝很多，只會很快變成尿液排出體外，所以不推薦這種做法。首先，一起床就喝一杯水是很重要的。接著在步行時、休息時、洗澡前、睡覺前都經常補充水分吧！為了不要被水冷卻身體，請喝常溫水，而非冰水。

只要大腸的狀態良好，免疫力也會跟著提升。為了健康的身體，請聰明地攝取水分吧！

Care Proposal

25

100

控制水果攝取量，避免讓身體寒冷

據說水果對美容和健康很好，很多人也會將水果打成冰沙，在炎熱的日子裡尤其美味。然而，你知道其實水果也會造成身體寒冷嗎？

免疫力下降的原因之一，就是身體變冷，現在，一年中可以吃到各式各樣的水果，但是，在炎熱的地方所採收的食材，或是夏季所盛產的水果，包括香蕉、芒果、鳳梨、奇異果、橘子……等，都是在東洋醫學中被歸類為會讓身體冷卻的食物。而可以讓身體溫暖的水果，則有櫻桃、葡萄等。

另外，水果的含糖量比想像中要高上許多，一根香蕉等於七顆方糖，含有二十八·二公克的醣類，所以必須注意不要吃太多。就算是炎熱的日子，水果也會瞬間冷卻身體，因此要一點一點地吃，並且選擇當季水果。

26

100

常吃乾香菇，活化免疫力

如果想在每天的飲食中簡單提升免疫力，可以善用乾香菇。菇類富含維他命B群、D，以及鉀、鐵、食物纖維等，是很好的食材。尤其富含食物纖維中的β—葡聚醣，具有活化免疫力的功能，許多醫藥品中也有使用。

在超市購買乾香菇當然很好，如果買了生鮮香菇，請在食用前兩小時拿出去曬乾，維他命D和鮮美滋味都會增加！生鮮香菇當然也有豐富的營養，但曬乾之後，維他命D足足增加了八倍以上，營養成分更提升！

維他命D是可以增加鈣質吸收率二十倍的營養素，和油脂一起攝取，吸收率會再提高，所以推薦用炒或炸的方式來料理香菇。

Care Proposal

27

100

讓自己感覺溫暖吧！

大家平常的體溫是幾度呢？許多女性的體溫都偏低，健康的人體溫大概是三十六．五至三十七．一度左右，如果是體溫偏低的人，這樣大概就會覺得有點發燒了。

體溫上升，血液循環就會變好，血液會將氧氣和營養輸送給身體的六十兆個細胞，並把廢棄物帶走。此外，血液中擁有免疫機能的白血球，會和血液一起循環到身體的每一個角落，巡邏是否有異物存在。也就是說，體溫高的話，血液的機能才會好，也才能維持在高免疫力的狀態中。

為了提高體溫，每天都要運動（尤其是走路）、泡澡、避開生冷食物或冷飲，並穿著不會讓身體著涼的服裝，夏天也穿上肚圍、襪子等。體溫升高後，不只免疫力會提升，基礎代謝率也會上升，形成不易發胖的體質。養成習慣，每天都下點功夫提升體溫吧！

Care Proposal

28

100

預防壞菌增殖、緩解便祕，喝綠茶好處多多！

大家都常喝綠茶，之前也提過綠茶具有放鬆效果，但它的益處可不只如此！綠茶中的兒茶素是多酚的一種，具有澀味，可去除使身體老化的自由基，促進排出低密度脂蛋白（Low-Density Lipoprotein，LDL，俗稱的膽固醇），抑制血糖上升，減少脂肪堆積，好處多多。

最近的研究更顯示，兒茶素對緩解便祕也有效果。大腸中的腸內細菌可分成對身體有益的好菌、對身體有害的壞菌，以及中性菌（伺機菌、條件致病菌）三大類。兒茶素可有效預防壞菌的增殖，並維持腸內環境。

想借助兒茶素之力來緩解便祕，要以攝氏八十至八十五度左右的熱水，充分地將茶葉中的兒茶素溶解出來。請配合身體的狀況，好好地飲用綠茶吧！

Care Proposal

29

100

身體狀況不佳時，請喝杯水來切換狀態

今天從早上開始就沒什麼幹勁，明明睡很多卻無法消除疲勞……這種時候，就先喝一杯水吧！掌管全身狀態的自律神經，與大腸的運動有很密切的關係。少許刺激就能讓大腸有所反應，所以常常喝水讓腸子蠕動，可促使自律神經運作。

沒有幹勁的時候，是因為自律神經進入「休息模式」，當我們喝了水，就可以從這個狀態切換成「活動模式」。早上起床後覺得懶懶散散時、工作中覺得疲累時，又或是專注力中斷的時候，都建議喝點水。喝水時，要想像水分傳達全身每個角落的樣子——請離開位子，喝一杯水吧！

據說，使用意識就能切換自律神經的模式，但若懶散的狀態超過一週以上，還是去醫院看看吧！不那麼嚴重時，就先以水分來切換狀態試試看！

Care Proposal

30

100

衣服太緊，會累積身體的疲憊

你是否為了追求時尚，而穿著會勒住身體的衣服、褲子，套著靴子呢？我們的身體在被緊緊包住時會承受很大的壓力，這也是造成自律神經平衡紊亂的原因。壓迫的狀態若一直持續，交感神經就會拚命運作，不斷累積疲憊。

若是重要的日子，當然可以盡情打扮，穿著流行時尚的設計，但平常就盡量選擇不會勒住身體的款式、容易穿脫的衣服和褲子吧！如果工作上非得穿著正式的套裝，在不會見到外人時，也可以脫掉高跟鞋、外套，或是解開襯衫扣子讓領口附近輕鬆些，讓自己舒服一點。

當然，在家時就要完全放鬆，選用料子好一點、較為舒適的材質，下半身也挑選可以放輕鬆的剪裁。請試試運用不同的方式，來消除疲勞！

第 3 章

「我好糟糕」的
調整習慣

Care Proposal

31

100

這是我「自己思考」、「自己選擇」的想法

當你被分配到不擅長的工作，或是收到不太想見的人的邀約時，心情難免會變得沉重吧？有些人甚至會責備無法拒絕這種工作或邀約的自己。在這種情況下，試著稍微改變一下你的思維方式吧！

其實，讓你產生「不擅長」或「不想見」這些感受的，是你自己的內心。覺得被委託的工作「我不太會做」的，是自己；想著邀約的對象「是不太想見到的人」的，也是自己……我並不是在責怪你對他人有這樣的想法，或說這是不好的情緒，但如果你能意識到這些可能帶來壓力的情況，主要是來自你的心態和想法，那麼你可能會產生一種「算了吧」的感覺，心情也會輕鬆一些。

當你接受「壓力的來源其實是自己內心的想法」後，那些困擾就會慢慢消散，心情也會隨之輕鬆起來。

Care Proposal

32

100

多吃青背魚，降低不安感&增加積極度

你平常多久吃一次魚呢？魚的價格比肉高，處理也很麻煩；如果是青背魚，難度似乎又更高了。不過，青背魚的脂肪具有降低不安感、增加積極度的功效。竹筴魚、秋刀魚、沙丁魚、鯖魚等青背魚，都富含 Omega-3 脂肪酸，具有消除疲勞的效果。而除了青背魚之外，植物油中也含有 Omega-3 脂肪酸哦！

最近的研究指出，Omega-3 脂肪酸具有緩和不安的功效，日本也已發表了每天吃青背魚可緩和不安感的研究報告。理想的情況當然是每天吃，但三天吃一次也可以。如果覺得料理起來很麻煩，那麼吃生魚片或是青背魚的罐頭也沒問題，一個罐頭的量差不多也接近一天的理想攝取量。罐頭不僅適合長期保存，也有各式各樣的種類，在特價時買一些儲存起來吧！

Care Proposal

33

100

多看暖色系，從色彩中得到力量

近年來很流行個人色彩診斷，了解自己所適合的顏色，可以增添魅力，不知道大家是否也有參考看看呢？

事實上，顏色不僅能提升魅力，也對我們的心情有很大的影響。據調查指出，心情呈現低落狀態的人，更容易選擇冷色系（藍或綠）或白、黑、灰色等非彩色系的服裝。或許是因為冷色系或非彩色系會使副交感神經較為活躍，具有讓心情沉穩的效果也說不定。另一方面，紅色或橘色等暖色系，會讓交感神經活躍、體溫上升，能讓人打起精神。

在心情低落時，可能會下意識地想選擇暗色系的服裝，但請提醒自己換上明亮色系的衣服吧——就算只是小小的裝飾品或指甲油，總之，選擇亮眼、明亮色系看看，你也可以從顏色中得到力量哦！

Care Proposal

34

100

懶洋洋地過了一天也沒關係

一整天都懶懶散散地，不知不覺中一天就結束了。這種時候，總是對於自己的懶散感到後悔，低落地想著「我怎麼會這樣呢」——其實，無須如此。以負面情緒結束一天的話，會以憂鬱的心情迎接第二天，睡眠品質也會下降，導致身體的疲勞無法消解，隔天的工作或家事也無法好好地完成。

從此以後，就算是懶洋洋地度過一天，也要擁有計畫性——譬如說，「明天要睡到下午！不過晚餐要自己煮來吃」，或是「一整週都很辛苦，所以我要盡情地看電視劇和還沒讀的漫畫」，做好懶散過日子的計畫吧！如此，就算無所事事地度過一天也不會後悔，反而還會很有成就感，可以用好心情結束這一天。

Care Proposal

35

100

在失誤中轉換正向心情

發生失誤時，許多人會責備自己「我怎麼會這樣做事情呢」而感到心情低落，甚至連續好幾天都維持這樣陰沉的心情，對吧？然而，世上本來就無完人，不經一事，不長一智，人是注定會失敗的生物。現在得到成功、看起來閃閃發光的人，過去也必定經歷許多失敗。

就如同「失敗為成功之母」這句話所說，就算有所失誤，也要想著「這次會失誤是因為時間不夠，只要下次有充足的時間就沒問題了」，或是「要增加確認的次數」等等，切換成尋找「下次要怎麼做才會順利的方法」的積極心情。只是將失誤當成失誤，是無法從陰沉的心情中掙脫出來的，但若從失誤中學習，就能活用在下一次經驗中。此外，失誤也是得知自己弱點的好機會。不管發生什麼事，都要將思考轉換至積極的方向來調整心情。

Care Proposal

36

100

上上下下樓梯，活化副交感神經

工作中被主管罵了、戀愛不順利、和朋友吵架……有時就是會事事不順呢！這種時候，就算勉強自己「打起精神來好好努力」，也沒什麼效果，可能反而讓自己的心情更糟糕。事實上，與其由心理開始處理內心的問題，從身體開始整頓會更有效果！可以先從上下樓梯來試試看，不要只是走樓梯，而是一次踩一至二階，上上下下試試看。不管是在自己家、公司或在外面場所的樓梯都沒關係，輕鬆地進行就可以了。

你是不是覺得：「嗯？這樣就可以了嗎？」就當作被我騙一次，試試看吧！運動身體後血液循環會變好，上下階梯時的律動也可以活化副交感神經，調整自律神經的平衡。思考問題的解決方法，需要協調、整合身體與內心，這麼做，一定會浮現出很棒的點子哦！

Care Proposal

37

100

電話、回信、SNS都以自己的步調使用

在現今社會，只要有一支智慧型手機就可以進行許多溝通聯絡，除了電話和電子郵件之外，也理所當然地可以使用各種ＳＮＳ（Social networking service，社群網路服務），於是變成二十四小時都別無選擇地與人聯繫。如果是相處很愉快的人或是喜歡的人，那當然是非常幸福的時間；但持續配合對方的步調，自己的時間就會漸漸消失。如果對方是不喜歡的人，就會變成很大的壓力吧？感受到壓力時，你的自律神經平衡便已經紊亂了；而一直配合對方、持續回覆的話，也會對身體產生影響。

所以，收到聯絡時，首先先做個深呼吸，好好調整自己的內心。先喝一杯水也好，這樣就能盡量以自己的步調來回信了。先確立好自己的規則，譬如說「在晚上十一點以後不回訊息」等等也很重要。請慢慢地習慣以自己的步調，而非總是配合對方來進行溝通。

Care Proposal

38

100

不要勉強自己

「只要忍耐一下就好了」，你是否也如此思忖來配合他人呢？「因為無法拒絕而每天過著加班的生活」、「雖然想說出自己的意見，卻因在意他人眼光而說不出口」……過著忍耐的人生並非「理所當然」的事情，在與他人的關係中，如果總是覺得自己在忍耐的話，那就不是一段健全的關係，你的人生應該只屬於你自己。

如果你的人生被宣告只剩下一年，你還會和現在一樣，繼續過著忍耐的生活嗎？不要被「應該……」、「不……不行」等話所束縛，而是要和重視自由的人一起快樂地度過。並不是說任性自我地過日子才是正確的，但你不覺得過度忍耐的人生實在很浪費嗎？和讓自己痛苦的人拉開距離，讓自己輕鬆一點是很重要的。在過度勉強而使自己內心崩壞之前，就一點一點地、慢慢解放自己吧！

Care Proposal

39

100

對他人做出貢獻，喜歡上自己

「我真是沒用的人」……自我肯定感低落時，就無法保有對自己的自信，只要和周遭的人稍微一比較，就會開始尋找自己的缺點並且沮喪起來。然而，自己這個存在，並不是用來與他人相比看孰優孰劣的，你只要存在就有價值。因此，沒有必要因為自己做不到的事情而喟嘆。

常常覺得自己沒用的人，可以試著對他人做出貢獻看看。在阿德勒心理學中，人類為了得到幸福的其中一個條件，就是向他人貢獻。舉例來說，在電車上將位子讓給行動不便的長者，在聽到對方說「謝謝」時，是不是覺得心情很好呢？這就和自我稱讚是一樣的。透過這樣的行為，會給自己「我是可以溫柔對待他人的人」這樣積極的印象，進而喜歡上自己。

Care Proposal

40

100

說出正向的感情，累積正向能量

你會不會想改變「總是將事情往負面想」這種消極的思考方式？然而，據說思考方式是積極或消極，會受到基因遺傳一定程度的影響。消極思考類型的人若勉強自己「積極向前思考」，大腦反而會感到混亂而變得更加消極。

這種時候，就借助語言的力量，將說出口的話語都變得正向吧！「最後會順利的」、「沒問題的」、「明天一定也會發生好事情」等，尋找好的事物並且宣之於口。和別人對話時，與其說「對不起」、「不好意思」，養成多說「謝謝」等將正面感情說出口的習慣會更好。

持續使用正面語言的過程中，內心會不斷累積正面的能量，你也會發現自己慢慢變得正向哦！

Care Proposal

41

100

決定好的事情就好好做，之後再反省也沒關係

明明決定「今天就這樣穿搭出門吧」，但出去之後卻覺得「果然還是有點怪怪的」、「早知道就選另一雙靴子了」，你也有這樣反覆思考的時候嗎？

除了每日穿搭之外，還有工作上的狀況，或是與朋友、情人的約會等，生活中有許多需要做決斷的場面。如果不管做什麼決定都會不斷煩惱，內心很快就會精疲力盡了。當然，在決定之前徹底地思考也很好，不過一旦下決定了，就請別再擔憂了吧！如果因為弄錯了而導致後續的煩惱或是生氣，可以把這些情緒寫在紙上，或是用手機記下來，然後就暫且先忘記吧！等全都結束後，再把之前的記錄拿出來看，反省看看下次該怎麼做。「已經決定的事情就不要再迷惘了」，只要抱持這樣的想法，整理內心的方式也會改變。

習慣之後，需要反省的時刻也會越來越少哦！

Care Proposal

42

100

停止放大壞事、縮小好事的完美主義

完美主義的思考方式是凡事只有「0」或「100」、黑或白兩種極端，很容易陷入「不能容許失敗，要一直得到滿分才行」，以及「要做○○才有常識」等的思考模式。戀愛時，只要對方稍微晚一點回覆，也會覺得「他是不是討厭我了呢？」。然而，世界上常常是曖昧不清，充滿灰色地帶的——或者該說，所有事情都是曖昧模糊的。

即使是同一個人，也會有改變意見或是弄錯的時候；有不好的日子，也有好的日子，人生並非只會發生一連串的壞事。完美主義的人往往有放大壞事、縮小好事的思考模式，以為小小的失誤是大大的失敗，而將成功歸功於運氣。

這種時候，請好好地宏觀事物的全體吧！將平常既有的「決斷」暫且放在一邊，或許會感受到意外的樂趣哦！

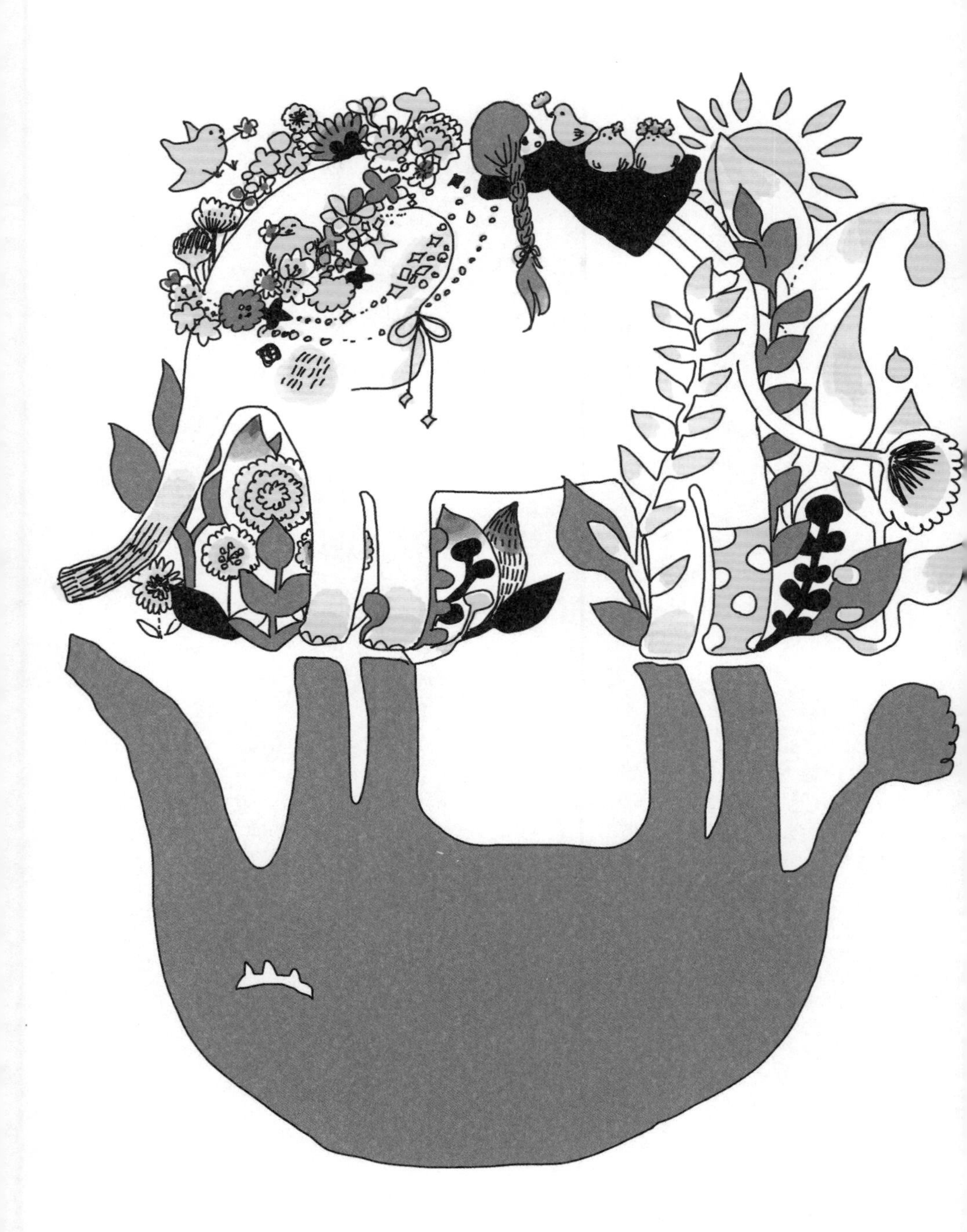

Care Proposal

43

100

不要凡事都與自己連結在一起

是否曾看見後輩在工作上失敗，而覺得「都是因為我沒有好好幫助他」呢？將自己的失敗歸咎在他人頭上會讓別人很困擾，而明明和自己一點關係都沒有，發生不好的事情時卻覺得是自己的錯，不管什麼事情都要與自己連結在一起，則是屬於內耗的表現。

別人做不到的事情，不能過度地感到是自己的責任。尤其是擔任管理職、教職、社福相關等支撐他人工作的人，更容易陷入這樣的思考模式。

一起工作的人雖然和我們有所關聯，但終究不是自己，也各自擁有不同的社會常識；即使你涉入其中，那位後輩或許還是會失敗；就算是親子關係，我們也無法百分之百完全奉獻自己。因此，自己是自己，他人是他人，請冷靜地切分開來。

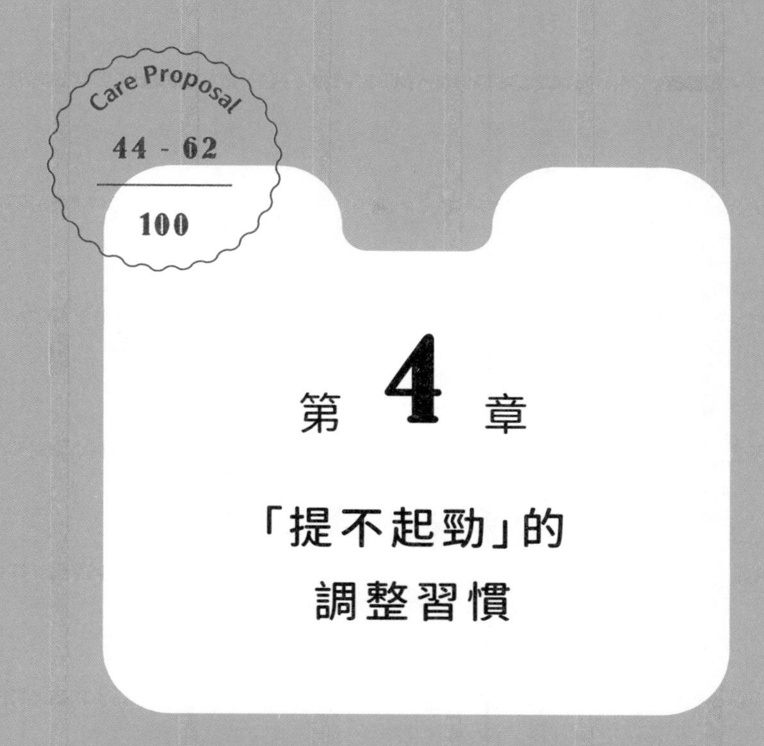

Care Proposal
44 - 62
100

第 4 章

「提不起勁」的調整習慣

Care Proposal

44

100

一起床就拉開窗簾，沐浴在朝陽之中

早上一睜開眼睛，就馬上拉開窗簾，沐浴在朝陽之中吧！這麼做可以重新設定體內的生理時鐘，打開幹勁的開關，使心靈與身體都進入活動模式！重點是，全身都要照到陽光。一邊曬太陽，一邊想像太陽的能量滲進全身，如果能同時做一些伸展運動來舒緩身體，那就更好了！

有些特別強調睡眠的飯店，為了讓房客配合起床的時間曬太陽，會設有自動打開窗簾的系統。雖然要在自己家中裝設這些系統實在有點困難，但如果可以的話，就不要使用遮光窗簾，讓早晨的陽光叫醒自己。當我們曬完太陽十四至十六小時後，身體會分泌褪黑激素這種睡眠荷爾蒙，讓我們晚上可以自然入睡。只要在早上曬曬太陽，就能重整生理時鐘的節奏以及自律神經的平衡。沒什麼外出的時期，至少也要讓自己沐浴在朝陽之中，藉此重整心靈與身體哦！

Care Proposal

45

100

以一分鐘冥想來放鬆身心

緊張或感到疲勞時，請務必試試看一分鐘的冥想！冥想指的是「專注在現在這個瞬間」，什麼都不要思考，閉上眼睛，慢慢地深呼吸吧！用鼻子吸氣，用嘴巴吐氣，想像著緊張感與力氣也一起被吐出了。此時，腦袋中可能會浮現各種想法，但請不要深究，就接受「只是想到這件事」而已。譬如說，浮現出「如果簡報又失敗了怎麼辦」的念頭，就單純地接納這件事，但不要再往下思考了。不要判定想到這件事究竟是好還是壞，是很重要的。

觀察自己的思考，客觀地綜察全體後，內心就會漸漸地穩定下來。最好是在安靜的地方，穿著可以放鬆的服裝來進行，不過在外面或職場的洗手間進行也沒問題。持續進行這種迷你冥想，可以抑制壓力，讓你感到放鬆，也能培養專注力。

Care Proposal

46

100

午睡三十分鐘，下午更有效率

每個人應該都有午餐後感覺睡魔襲來的經驗吧？為了從睡意中掙脫，我們會做各種抵抗，包括喝咖啡、吃薄荷口含錠……等等。這時候的睡意，是因為吃完飯之後要消化，副交感神經活躍而引起的。真的很想睡的時候，請不要勉強自己，就午睡三十分鐘吧！只要睡三十分鐘左右就起來，不會對後續的工作造成影響，這稱為強力小睡（Power Nap），對於消除疲勞有很好的效果，不只可提升專注力與學習能力，也能讓下午的工作很有效率。

午睡時最好是在有遮光、昏暗的地方。如果無法關燈，就戴上眼罩來遮蔽光線吧！此外，由於咖啡因的效果大約在攝取後三十分鐘左右出現，所以若想精神飽滿地醒來，可以在午睡前喝咖啡。若是無法睡到三十分鐘，就閉上眼睛稍微發個呆，讓大腦休息一下。為了讓下午也有效率地工作，請試試看午睡三十分鐘吧！

Care Proposal

47

100

選擇低GI的碳水化合物

限制醣類攝取的節食減肥法，正持續流行中。有些人很努力地不吃主食，徹底撤除米飯、麵包、麵類……等來減肥；然而，我並不推薦這種極端的方式。

這是因為米飯等主食——也就是碳水化合物，是身體能源的重要營養素。碳水化合物不足時，體力會變差而容易疲勞，也會讓大腦的能量不足，導致專注力與思考能力低落。目前已經得知，醣類不足時記憶力會變差，據說還會造成血管提早老化。對於「無論如何都得減肥……」的人，請務必試試低GI的碳水化合物吧！譬如說蕎麥、糙米、全麥麵包、義大利麵、燕麥等，都是低GI食物。「比起白色的食物，選褐色的食物比較好」，可以用這樣的方式來記憶。GI值高的食物會使得血糖急速上升，讓人想睡覺，頭腦一片混沌。不想因為節食減肥而太耗神的話，就好好補充大腦及身體所需的能源吧！

Care Proposal

48

100

聰明吃點心，養成不易胖的體質

傍晚時肚子有點空空的，工作也很難進入狀態。有些人為了節食減肥是不吃點心的，但看了這篇之後，以後請積極地攝取點心吧！

以前的節食減肥法是限制卡路里、限制油脂、限制醣類……全都是「限制」。但人是一被說「不可以吃」，就反而更執著想吃的生物。其實，點心只要正確地吃，就可以減少暴飲暴食的可能性，反而養成不易胖的體質。肚子裡有食物，不僅心情會比較沉穩，專注力也會回穩。

因此，不要想著點心＝零食，而是點心＝輕食的概念。譬如說，優格或起司、水煮蛋、魚肉香腸等富含蛋白質的食物，以及蔬菜棒等都很推薦。尤其是胡桃等堅果類的營養價值很高，也有飽足感，很適合當作點心來食用。「零食和甜點」則偶爾當作一種犒賞吧！

Care Proposal

49

100

感到憂鬱時，請攝取豆類製品

豆腐、豆漿、納豆等大豆食品，富含與女性荷爾蒙扮演相似角色的異黃酮，對女性非常重要，或許很多人已經有意識地攝取了吧？除了異黃酮之外，大豆中也富含色胺酸，這是形成幸福荷爾蒙血清素所需的物質，感到憂鬱或是沒什麼精神時，請務必多食用大豆。

在吃豆類時請好好地咀嚼，每一口大約咬二十下，有意識地花五分鐘以上慢慢吃。除了能好好消化以外，咀嚼的節奏也有助於增加血清素。不管有多忙，讓自己保留時間，一天至少一次專注在進食上，讓血清素更為充足。此外，乳製品、堅果、雞蛋、香蕉等食物中也富含色胺酸，感到憂鬱時，就把這些食物列入菜單之中吧！

Care Proposal

50

100

身體有點無力時，試試清爽的ＭＣＴ油

對健康與美容有興趣的人，應該都聽過ＭＣＴ油*吧？ＭＣＴ油是以椰子或棕櫚種子所含的天然成分所製成的油脂，雖然是油，卻不太會在體內以脂肪的形式囤積，據說對節食減肥也有幫助。此外，對疲勞的大腦也有恢復效果。一般來說，大腦的營養來源是葡萄糖，但只要適量，攝取ＭＣＴ油所形成的酮體也能成為大腦的強力能量來源。

因此，工作或讀書疲勞時，可以攝取一湯匙份量的ＭＣＴ油。因為無味無臭且十分清爽，可在不改變食物或飲料味道的情況下攝取。直接淋在優格、咖啡、湯、沙拉等之中，平常就可輕鬆食用。覺得身體有點無力時，就將ＭＣＴ油當作能量來源吧！

＊中鏈三酸甘油脂，較容易分解，「防彈咖啡」就是添加ＭＣＴ油。

Care Proposal

51

100

藍色可以提高專注力！

工作和念書時，你所使用的文具、電腦的桌面是什麼顏色呢？應該有很多人是依照自己的喜好來選顏色的吧？但對缺乏專注力而煩惱的人來說，推薦選擇藍色。

據說，藍色可以讓我們分泌安定內心的荷爾蒙血清素，具有提高專注力的效果。在趕工作的截止日，或是迫在眉睫的考試時，特別具有效果。看看藍色的東西，深呼吸，然後再回到工作或讀書之上吧！除此之外，像是藍綠色或水藍色等藍色系，都具有相同的效果，可以多多使用。

此外，因為藍色而分泌的血清素，也具有抑制食欲的效果！覺得自己吃太多的人，可以使用藍色系的盤子、桌巾、餐墊等。相反地，紅色可以帶來能量，具有讓人精神飽滿的效果，在需要專注時不推薦使用。

Care Proposal

52

100

工作時，決定好限制時間

已經決定好要專注在工作上了，卻忍不住思考起「如果發生了……怎麼辦？」、「考慮到行程表的話，先做別的事情會不會比較好？」這些多餘的事情，結果一直提不起幹勁，無法專注在眼前的事務上。除此之外，女性比男性更能夠一次多工地做好幾件事，但也因為這樣，更容易無法專注在一件事情上。

想專注、提起幹勁時，需要決定好限制的時間。人所能夠極度專注的時間只有十五分鐘左右，而這個時間的三倍，也就是大概四十五分鐘，已經是人類專注力的極限了；小學一堂上課時間約四十五分鐘，也是因為這個原因。就算只是持續相同的工作，每過四十五分鐘也要稍微休息一下。況且，因為已經決定好限制時間了，所以心情會比較沉穩，也更有幹勁與專注力。如此，就算是工作時間與平常相同，效率也會更好！

Care Proposal

53

100

天氣不好時，選擇明亮顏色的衣服

天氣不好的日子，心情也容易變得憂鬱。最近「氣象病」逐漸為人所知，這是因為天氣不好的日子，覺得身體不舒服的人也增加了。會有這樣的現象，是因為天氣造成自律神經活動的異常；例如晴朗的日子交感神經比較活躍，而雨天則是副交感神經比較活躍，讓身體呈現休息模式。

話雖如此，即使天氣不好，工作、上學也不一定可以休息。這種時候，就穿著明亮色系的衣服，將幹勁的開關打開吧！之前有提過，紅色是可以帶來能量的顏色，在防寒保暖時非常適合；此外，橘色是表現出溫暖、高漲感的顏色，具有消除不安及壓力的效果；與陽光近似的黃色能夠引發快樂情感，據說也有提高理解力、記憶力以及判斷力的效果。如果抗拒穿著明亮色系的衣服，只選擇內衣或襪子也可以。只要在身上穿著明亮色系的服飾，就能感受到幹勁泉湧而出！

Care Proposal

54

100

活在當下，有效提高專注力

提不起幹勁時，就更容易想到不在眼前的事情。明明在工作中，卻思考著要吃什麼、週末要做什麼，又或是瀏覽網路新聞，思緒紛亂不已……這種時候，請好好地意識著「現在」。譬如說，吃飯時，以筷子夾起米飯放入嘴巴時，在心中意識到「我現在正在吃飯」；喝水時想著「我現在正在喝水」；洗臉時也要意識到「我現在正在洗臉」。看起來好像是很無聊的事情，但就算只是芝麻小事，意識著「我現在正在○○」並專注在這個行動上，就可以有效提高專注力。

像這樣，將意識集中在每一個行動上，工作時自然不會有無謂的胡思亂想，可以專注在眼前的事情上。將心靜下來是一件非常困難的事情，但只要將意識集中在此刻正在做的事情上，就能培養專注力。

Care Proposal

55

100

沒幹勁時，不要動腦而是動手

「明明有很多該做的事，卻一直提不起勁來」，想切換這種心情並非易事。這種時候，首先不要動腦，而要動手。譬如說，將紙本資料整理起來、整理桌子周邊環境、進行寄信工作……不管什麼都好，總之動動手、動動身體就是了。有些人在重要的工作之前，會莫名開始整理桌子周遭，其實是非常有邏輯的方法呢！

狀況好的時候，有些地方沒有整理也不太會注意到，但在沒有幹勁時，就很容易注意到一些雞毛蒜皮的小事，對吧？這樣的話，與其勉強自己待在電腦前等待幹勁降臨，倒不如動手開始整理吧！動起來之後，血液循環也會變好，可以藉此調整自律神經的平衡，讓身體準備好專注於工作之上。

Care Proposal

56

100

總之，現在就站起來吧！

大家一天之中有多久的時間是坐著的呢？隨著居家工作增加，應該有許多人坐著的時間比以前多吧？日本是「全世界久坐時間最長」之國，根據世界二十多個國家的調查，日本的久坐時間為一天七個小時，與沙烏地阿拉伯並列第一*。

長時間坐著時，血液循環及代謝都會變差，你是不是也常常有水腫的煩惱呢？這就是血液循環不好的證據。一直坐著，大腦無法得到充分的氧氣及營養，容易呆滯，專注力也會降低。

此外，更可怕的是，有研究指出，連續坐著一個小時，會縮短壽命二十二分鐘；而坐著八小時以上，更會增加死亡風險。為了健康與專注力，一小時起碼要站起來休息一次。如果可以做點簡單的伸展並喝杯水，就更好了！

＊台灣則是六小時，為第三名。

Care Proposal

57

100

定期更新常用的物品，增加生活的幸福感

我們的生活，從早上起床到晚上睡覺為止，幾乎都遵循著制式化的模式。早上起床後去工作，工作結束後吃飯，洗完澡後睡覺……或許很多人都對這樣規律的日子感到厭煩了吧？

想在每日的生活中注入新意，可以定期更新常用的物品，像是手機、衣服、鞋子、化妝品、錢包、廚房用品或家中的裝飾品等，什麼都可以。穿著新衣服的日子，是不是感到特別雀躍呢？這種雀躍感，是多巴胺所帶來的刺激。只要有這種小小的雀躍感，想必一整天都能過得很幸福吧？

只要是常常使用的物品都可以，和價格無關。就算只是一枝原子筆也很好。小小的變化，往往可以帶來很大的幹勁。

NOTE
BOOK

Care Proposal

58

100

使用鬧鐘來調整生活節奏

在學校的時候，從朝會、上課、下課，都是由鐘聲所提醒的。回想起那個時候，是不是會隨著鐘聲而重新設定當下的情緒呢？然而，居家工作的時候，總會不小心就過得懶洋洋的。這種時候，請以學校鐘聲的方式來活用鬧鐘吧！

首先是起床的鬧鐘，接著是早餐、換衣服，再來是開始工作……工作開始後會越來越疲勞，所以要在預定休息的時間設定鬧鐘；鬧鐘響了之後就吃個點心或是運動，如此可以重拾幹勁，調整生活的節奏。實際上，我自己一天就設定了幾十個鬧鐘呢！藉由鬧鐘重新設定自己的意識、持續專注，出乎意料地，工作也可以早早結束。

如果你也是不小心就懶懶散散、虛晃度日的人，請務必活用鬧鐘來調整自己的生活節奏哦！

12
9
3
6

Care Proposal

59

100

積極嘗試新事物，打開幹勁開關！

被稱為「幹勁荷爾蒙」的多巴胺，與快樂、愉悅、積極思考、提升專注力的情緒與思考相關，此外，與理性、意識等也有關聯。雖然酒精、菸、賭博等亦會促使多巴胺過度分泌，讓人們對這些事物上癮而造成傷害；然而，若我們能與多巴胺好好相處，就更能打開幹勁的開關。為此，建議嘗試挑戰新事物，讓大腦受到刺激而分泌多巴胺哦！

雖說是新的事物，但不用想得太困難。譬如說和平常通勤走不同的路，購物時去不一樣的超市等等，類似這樣簡單的事情就可以了。只要這樣，大腦就能得到新鮮感與成就感，因而促進活化。覺得自己沒什麼精神和幹勁時，就積極嘗試和平常不太一樣的事情，給大腦一點刺激看看吧！

Care Proposal

60

100

發呆時，請好好確認自己的狀態

你有沒有在專注工作或看完電影、舞台劇後，感覺頭腦變得昏昏沉沉的經驗呢？或者，有時候會覺得「我想放空一下」？其實，這樣的放空時間，並不意味著大腦在休息，反而是在積極運作。儘管大腦此時並沒有進行思考或記憶，但它正處於積極活動、協調大腦內部不同區域的狀態，例如負責記憶事件，或是控制情感和欲望的部分。

在這樣放空的狀態下，內心的聲音或無意識的思考有時就會浮現出來。如果你進入了這種狀態，這正是一個放空自己的好機會，可以集中注意力傾聽內心的聲音，好好確認自己的心理和身體狀態。

Care Proposal

61

100

每天拍一張照片，創造小小的重置時刻

每天拍一張照片的這個行為，有兩個主要目的。其一，是每天在固定的時間或時機拍攝固定的事物，使其成為一種習慣。另一件事是，將「拍下某物」的這個習慣，當成某件事的開關。

譬如說，每天在工作空檔買的咖啡、午餐後一定會遇見的貓咪、工作結束後的天空等，不管什麼都可以，這些都能成為拍攝的對象。總之，盡可能養成在固定的時機、拍下固定對象的習慣，如此一來，拍照的這個舉動就可以開啟「今天也要努力唷」的開關，或是相反地，讓你感受到「今天一整天都很努力呢」，成為休息模式的開關。

這種開關，可以作為一天中小小的重置時刻。即使是運氣不太好的日子，也可以靠著這些小小的重置，來切斷不好的連鎖反應。就以「拍照」這個小小的習慣，巧妙地調整自己的心情吧！

Care Proposal

62

100

不要忍耐，盡情寵愛自己

無論是通過了期待已久的資格考試、成功拿下一筆大訂單等大事，抑或是在想發怒時強忍住情緒、積極承擔大家都不願做的事等這些小事，當你想對自己說「做得好！」的時候，請不要忍耐，盡情犒賞自己吧！像是買一件夢寐以求的衣服或鞋子，還是購買人氣甜點，或者預訂一家美味的餐廳……當你有意識地寵愛自己、給自己一份獎勵時，大腦會記住「努力後有這麼好的回報」，如此一來，你會產生「我要再努力，然後再獎勵自己！」的意識，繼而更傾向於優先完成目標。

當我們認為某件事「必須完成」時，會感到壓力；而當我們覺得「完成它會帶來好事」時，則會產生動力。因此，將目標設定得小一點，多準備一些小獎勵，效果會更好。

成年後，我們很少有機會被他人寵愛，但自己寵愛自己，是絕對可以的。

Care Proposal

63 - 73

100

第 5 章

「心情沉悶」的調整習慣

Care Proposal

63

100

心情低落，跟身體寒冷有關！

如同「寒冷是萬病之源」這句話所說，身體受涼會造成各種不舒服，甚至連內心也會受到影響。你知道嗎？「我不管做什麼都做不好」、「再怎麼努力都沒有回報」等心情低落的原因，其實跟寒冷也有關。為什麼身體冷卻下來，會導致思考變得消極呢？這是因為大腦會將寒冷當作「不快的事情」。

「喜歡」、「討厭」、「快樂」、「不安」等情緒，都由大腦的杏仁核處理。當身體冷卻下來時，杏仁核會將其視為不愉快的感覺，長此以往，有一天杏仁核終於爆發了，不管什麼都以消極的感覺來面對。為了避免這樣的情況發生，保持身體溫暖是很重要的，可以欺騙大腦，並慢慢減少消極的想法。藉由泡澡、運動等讓身體溫暖起來，思考也會變得積極哦！

Care Proposal

64

100

嘴角上揚，用笑容欺騙大腦

其實，我們的大腦很容易就會被騙！譬如說，在漫長而無聊的會議——這種絕不會讓人感到開心的情況下，只要揚起嘴角勉強露出笑容，大腦就會誤以為這樣的狀況是「很快樂」的，並分泌療癒的荷爾蒙血清素，調整自律神經的平衡。接下來，副交感神經就會活躍起來，讓內心安定，並處於穩定的狀態。因此，在痛苦或是悲傷時，稍微勉強自己，揚起嘴角露出笑容吧！也可以看看好笑的影片，讓自己展露笑容。一開始可能很勉強，但漸漸習慣了之後，不知不覺，疲勞或憂鬱的心情就會一掃而空，轉換成幸福的心情。

「揚起嘴角，露出笑容欺騙大腦」是很簡單卻意外有效的習慣，請務必嘗試看看哦！

Care Proposal

65

100

規定一段遠離智慧型手機的時間

無論何時何地都能與他人聯繫相伴，並搜尋取得各式各樣的資訊，智慧型手機真是很便利的工具。然而，這種便利反倒使我們的大腦感到疲憊。在看手機的時候，我們的大腦常常處於讀取各種資訊的狀態；為了持續處理這些接收的資訊，大腦遲遲無法休息、逐漸累積疲勞。當大腦疲勞時，判斷力和專注力也會下降，心情變得低落，容易轉變成憂鬱狀態。

為了避免這樣的結果，請規定出一段不看智慧型手機、電腦、平板等的時間，進行「數位排毒」。譬如，假日時盡可能避免使用社群、網路、3C產品吧！以數位排毒的方式讓大腦充分休息之後，平常的表現也會更好哦！

Care Proposal

66

100

創造讓自己開心的時間

越是努力、認真的人，越有重視他人甚於自己的傾向，卻在每天的忙碌之後，一個人獨處時忍不住感嘆「為什麼會變成這樣呢……」。不是為了自己，而是為了他人而努力的你真的很棒，但是，我們有時也要以自己為優先，創造一段讓自己開心的時間，對吧？

譬如說，「每個月的第二個星期日，是『自己優先』的時間」，像這樣定期地預約好這段時間吧！在這段時間中，不管是面臨怎樣的邀約或請託都要拒絕，只有你自己可以使用這段時間。不用做什麼特別的事情，如果什麼都不想做，就徹底地什麼都不做也沒關係。就算有煩惱，也請先拋諸腦後，只做讓自己開心、快樂的事情，好好度過這段時間，並以此重置心靈與身體的疲勞吧！

Care Proposal

67

100

試試看徹底地討厭自己一次

心情低落、處在非常沮喪的狀態時，不管做什麼都會覺得很討厭，像是，「我最討厭這樣的自己了！如果可以消失就好了！」當你如此討厭自己時，反而是個轉機——乾脆試試看徹底地討厭自己一次吧！

這是運用了，聽到「『不可以做〇〇』反而更想做」，而聽到「『盡情去做吧』之後，反而就沒有那麼執著了」這種心理所產生的一種逆向發想。當你察覺你開始討厭自己時，其實是因為對自己有所期待。因此，只要轉換一下思考方式，想著「我真的超超超超討厭這樣的自己！」像這樣徹底地討厭自己後，是不是反而有種神清氣爽的感覺呢？

慢慢地，你會發現那些討厭的部分變得無關緊要，甚至能逐漸接受它們了。

Care Proposal

68

100

盡情地大哭，讓心情變輕鬆

有許多事情是小時候做不到，長大後卻能做到的；相反地，也有些事情是小時候自然而然能做到，隨著年齡增長卻漸漸做不到了——「哭泣」這件事就是如此。當遇到悲傷或痛苦的事情時，孩提時我們總是毫無保留地讓淚水流出，大聲哭泣。然而，有多少人在長大後還能痛痛快快地大哭呢？相反地，應該更多人是忍住不哭吧？

據說，哭泣具有紓解壓力的效果。流淚會促使自律神經中的副交感神經變得活躍，使大腦放鬆，逐漸減輕緊張與壓力。這也是為什麼在痛快哭過之後，會感到神清氣爽、心情變輕鬆的原因，這些都與副交感神經的作用有關。當你想哭時，就順從自己的情感，偶爾忘我地讓淚水盡情流出吧！

Care Proposal

69

100

沮喪時決定好期限，更容易恢復

如同前面的篇章所說，在悲傷或是痛苦的時候，可以試著徹底地沮喪一次，之後心情就會變得輕鬆、積極起來。但或許有些人因此又有新疑問：「雖說要徹底地沮喪，但究竟要沮喪到什麼時候呢？」這是非常重要的問題。儘管說「徹底地沮喪一次也沒關係」，但一直無法從沮喪的狀態恢復過來，當然也不是件好事。

要沮喪時，請先決定好期限。因為抱持著痛苦的心情沮喪下去，就如同持續抱著沉重的行李一樣，一開始或許可以忍耐，但漸漸地就會無法負荷，最後到達極限——這時要讓身體恢復到原來的狀態，會需要一段很長的時間。沮喪也是同樣的狀況，若能設定一個期限，讓自己在這段時間內盡情地沮喪，之後也會變得更容易恢復。

Care Proposal

70

100

接觸小小的生命，療癒自己的心靈

每天晚上睡覺前看看小狗、小貓、刺蝟等小動物的可愛影片，讓自己療癒放鬆後再睡覺的人，出乎意料地多。另外，最近在房間裡飼養寵物或種植花草的獨居者似乎也增加了。養育動物或植物等生命，除了能帶來喜悅之外，也具有減輕壓力的效果。

動物所帶來的療癒效果，也被運用在動物輔助治療（Animal-Assisted Therapy, AAT）中。據說，與不養寵物的人相比，養寵物的人即使遇到痛苦的事情，心理受創的程度也會輕一些。同樣地，栽種植物亦被認為有心靈治癒的效果。這是因為種植植物其實需要耐心和花費不少功夫，但當看到它們成長時，會有如同養育孩子般的成就感。

當你感到沮喪或悲傷時，請好好地接觸一下小動物或植物，給自己一段心靈療癒的時光吧！

Care Proposal

71

100

與負面新聞保持距離

身體沒什麼不舒服，但就是覺得心情不太好；明明過著和平常沒什麼兩樣的生活，內心卻覺得沉重不已……如果有這樣的狀況，可能和你每天接觸到的負面新聞有關。

播報每天發生什麼事的新聞，的確能讓我們知道日常生活所需的資訊；然而，在看新聞時，眼睛、耳朵所接收到的，關於經濟、傳染病、災害或名人婚外情等，這些話題都十分沉重，較少有正面、光明面的消息，也讓我們感覺到社會似乎變得更加冷漠。而長期接觸這些負面的新聞，會在不知不覺中形成壓力，影響你的心情。特別是對那些感受性較強的人來說，當他們在新聞中看到處於困境的人，會感受到與之相似的壓力。因此，當你感到心情低落時，不妨與那些負面新聞保持一段距離吧！

Care Proposal

72

100

用手溫柔撫摸自己，讓心情穩定

在日文中，對於生病或受傷的處置稱為「手当て」，這是為什麼呢？這是因為透過手的接觸（手を当てる），能減輕病痛或受傷的疼痛，對心靈的照護也同樣有效。當情緒低落，不由自主地陷入負面思考時，不妨試著用自己的手撫摸手臂、臉頰等部位，輕輕觸碰自己。這麼做之後，你是否感到心情安定，內心平靜了些呢？這種方法被稱為「觸碰療法」（Touch Care），也被運用在醫療行為上。

與家人、戀人、寵物等你信任的對象進行接觸，也同樣有效。在這樣的觸碰療法中，無論是觸碰的一方還是被觸碰的一方，身體都會分泌「催產素」這種荷爾蒙。催產素也被稱為「幸福荷爾蒙」或「治癒荷爾蒙」，據說能帶來心理穩定和減輕壓力的效果。

如果你感到情緒低落，請務必試試這種「觸碰療法」。

Care Proposal

73

100

壞事不會持續發生

早上要去工作時，卻遇上電車故障停駛；走到十字路口時，所有的交通號誌都是紅燈；輪到你時，限量午餐剛好售罄；影印資料時，印表機卡紙了；電梯遲遲不來……當不幸接二連三地發生時，你會怎麼想呢？你會因此感到沮喪嗎？還是會輕鬆地接受「今天就是這樣的日子罷了」？

即使不幸的事情接連發生，你也不必覺得「這種倒楣事會一直跟著我」。或許那天真的運氣不佳，但這只是漫長人生中的一天而已。若以一年來看，那只不過是三百六十五天中的一天。

你還記得一年前的煩惱嗎？能馬上回想起來的人應該不多吧？持續一整年的不幸是幾乎不可能的。改變你的思維模式，減少壓力源吧！

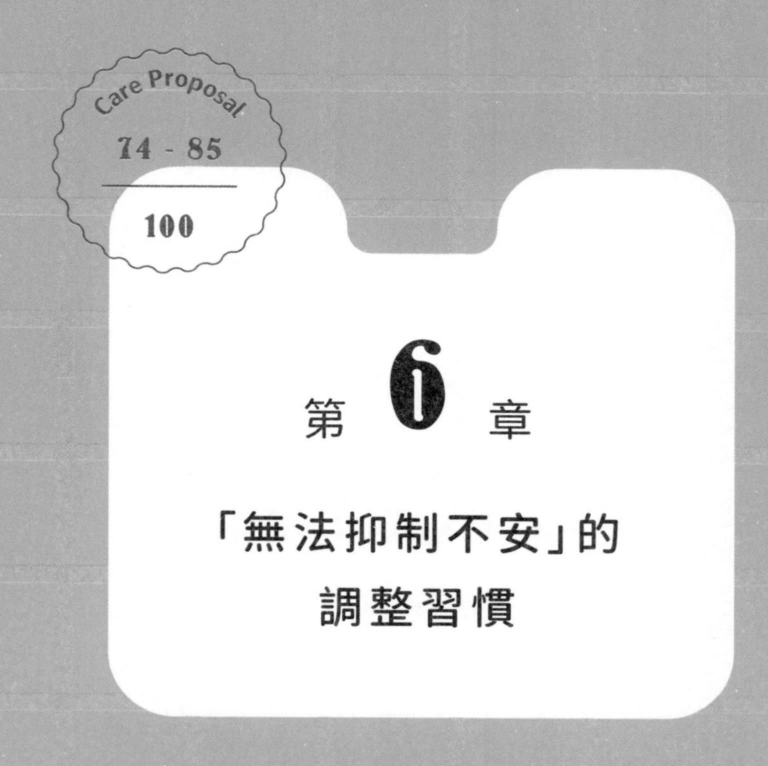

第 6 章

「無法抑制不安」的調整習慣

Care Proposal

74

100

保持溫暖，安定敏感的心

所謂的不安，就是「雖然不太清楚具體原因，但覺得內心七上八下的狀態」。比如在大眾面前講話時心跳加速，或是在重要考試前感到緊張，這些難以用言語表達的內心狀態都屬於不安的範疇。

不安感通常是面對強烈壓力時引發的，但有時像是手腳冰冷的身體症狀，也會引起不安。如果手腳長時間處於冰冷狀態，這會成為一種巨大的壓力，影響自律神經，進而加重不安感。有些人甚至會因此發展成「焦慮症」，影響日常生活。為了避免因冰冷而引發不安，手腳經常冰冷的人應該透過運動或使用保暖用品，來維持暖和的溫度。此外，試著進行深呼吸，幫助緩解不安情緒，也能讓變得敏感的心慢慢放鬆下來。

Care Proposal

75

100

焦慮不安時，請試試「裝死作戰」

煩惱也是引起不安的原因之一，尤其是那些無論怎麼想都難以找到答案的煩惱，因為無法解決，會讓人感到更加不安。如果你陷入了這樣的情況，反覆思索卻依然找不到答案，感到焦慮不安時，請試著閉上眼睛，心裡默念「我已經死了！」——這就是所謂的「裝死作戰」。

你可能會覺得，這麼做到底有什麼意義呢？其實，這對於解除不安情緒出乎意料地有效！假設自己已經「死去」、不再存在於這個世界，那麼所有的煩惱也不再需要解決了。當你想到那些困擾許久的問題已經不再需要解決時，心情是否輕鬆了許多？試著這樣去想像自己已經「消失」，那些煩惱便會變得無關緊要起來，讓你有了「無須再為這些事煩惱了！」的心態轉變。這個方法在你過於努力而感到疲憊不堪時，同樣有效。為了保護你的心靈，不妨試試這個「裝死作戰」吧！

Care Proposal

76

100

慢慢吃飯，確實咀嚼

我們常聽到「吃飯要慢慢吃，確實咀嚼」，最主要的原因，是因為充分咀嚼能促進消化、避免暴飲暴食，還能減少發胖的可能性。不過，咀嚼其實還有另一個效果，就是幫助減少壓力。口腔內有許多連結大腦和身體的重要神經，咀嚼時，這些神經會受到刺激，進而抑制大腦中杏仁核的活動。

如前所提，杏仁核負責將不愉快的情緒處理為恐懼和不安，當杏仁核的活動受到抑制時，恐懼和不安等壓力來源就會減少。

此外，咀嚼能增加唾液的分泌，而唾液的增加同樣有助於緩解壓力。壓力荷爾蒙「皮質醇」的含量，會隨著唾液的增加而減少，進而降低壓力。因此，透過在吃飯時多咀嚼或是嚼口香糖，可以逐步減少不安情緒。

Care Proposal

77

100

把討厭的事情寫下來撕掉，減少壓力困擾

在心理諮商中，有時會讓焦慮傾向較強的患者，進行「把讓自己焦慮的事寫在紙上，然後撕掉」的治療。這樣做的原因是，寫下來可以幫助整理思緒，而撕掉紙張則能發洩壓力。這個方法，對我們日常生活中面臨不安和壓力時也很有效。如果你現在正為一些煩惱或不安等負面情緒困擾，不妨試著將它們列成清單，寫在紙上。例如「同事說了讓我不高興的話」或「看了社群媒體的貼文，心情不佳」，無論什麼事都可以。寫完之後，把紙撕碎、扔掉，就能讓心情得到解放。

煩惱若長期放在心中，會自然而然地越想越大，但當你將它們寫出來時，常常會發現其實並沒有那麼嚴重。若你能每個月一次或定期進行這樣的練習，應該就能減少受到壓力困擾的機會。

Care Proposal

78

100

事先決定好明天要穿什麼吧！

蘋果創辦者史蒂夫．賈伯斯（Steve Jobs）總是穿著黑色高領上衣和牛仔褲，這是他為人所知的風格；臉書創辦人馬克．祖克柏（Mark Zuckerberg）也一樣，總是穿著灰色的西裝——這都是基於「思考服裝搭配很浪費時間」這樣的想法。

事實上，在忙碌的早晨思考當天的穿搭，對我們來說其實是一種負擔。可能會因為無法決定而感到煩躁、覺得穿起來不太對勁，甚至在外出後開始後悔自己的選擇。如果每天早晨都這樣煩亂不安，日常就會習慣於從負面情緒開始，進而增加不安的因素。

即使不像賈伯斯和祖克柏那樣「每天都穿一樣的衣服」，我們也可以在前一天就決定好服裝搭配，隔天早上只要直接穿上即可——這樣一來，壓力就會大幅減少。讓「不用煩惱明天穿什麼的生活」成為你的習慣吧！

Care Proposal

79

100

客觀地審視自己，並接受不安

你可能覺得「自己的事情，當然是自己最清楚」，但其實並非如此；人類對於自己的狀態，其實比你想像的還不在意。「必須等到壓力過大而倒下」時，才終於察覺到自己身心的負擔有多沉重，這種情況其實很常見。因此，為了正確掌握自己的狀態，習慣客觀地審視自己是非常重要的。

這時，心中的「另一個自己」便能派上用場。當自己感到煩躁時，可以試著開口問自己：「為什麼這麼煩躁呢？」透過實際說出這樣的問題，意外地能冷靜審視自己的狀態。例如，當找到原因時，像是「這麼煩躁的原因……或許是因為生理期快來了」，能發現理由的話就太好了。經過這樣的自我對話練習，當你養成客觀審視自己的習慣後，便能逐漸減少內心的不安。

Care Proposal

80

100

有意地做無關的事情，不受緊張侵擾

在重要的簡報或會議時，若必須在很多人面前說話，往往伴隨著極大的不安。越是告訴自己「不要緊張！不要緊張！」，腦海中的不安感反而越來越強大——這樣的經驗相信每個人都曾有過吧？當你被不安和緊張侵擾時，「故意去做一些無關的事情」反而能出其不意地幫助你緩解這種情況哦！

譬如說，盯著簡報會場或會議室的時鐘，仔細看看時鐘的形狀或製造商，或者閱讀旁邊瓶裝飲料標籤上的成分表，觀察與會者所使用的筆記型電腦廠牌和顏色、形狀……等，做做這些原本不該做的事情，不安與緊張就會自然而然從意識中消失了。當你想著「不要感到不安」、「為了不要緊張，頭腦要放空」，腦袋反而會更充斥這些念頭；但透過這樣的方法，你可以輕鬆遠離不安和緊張，值得一試。

Ren
MI
10
9
8
7
6
5

Care Proposal

81

100

將擔心的事情收進「擔憂盒子」裡

突然發現，腦袋中充滿著擔心的事情或是不安，讓心情一直呈現沉重的狀態。想擺脫這樣的心情、專注在此刻該做的事情上……這種時候，不妨將占據你內心的那些擔憂和不安暫時收起來吧！可以在心中創造一個「擔憂盒子」，將所有的擔憂統統放進去。或者將擔憂寫在紙上，實際放進一個能上鎖的盒子裡，抑或將擔憂記錄在手機備忘錄中並上鎖。只要能暫時忘記這些擔憂，無論用什麼方法都可以。

這樣做並不會讓擔憂本身消失，但若能暫時不去思考它們，你就能找回本來的自己。那些揮之不去的擔憂，暫時先放進心中的「擔憂盒子」裡吧！

Care Proposal

82

100

和朋友聊聊，能讓你意識到自己並不孤單

當你感到憂鬱時，就和關係良好的同事或親密朋友等支持你的人聯繫，聊聊不安的事情吧！把你現在面臨的擔憂說出來是很重要的，分享煩惱能幫助你整理混亂的思緒，並可能因此獲得解決問題的啟發。此外，傾訴煩惱時，會讓你感覺有人和你一起分擔重負，繼而帶來內心的平靜。

如果找不到可以傾訴的對象，也可以試著在社群媒體上匿名發表心情，一定會有人願意傾聽並給予支持。不過，使用社群媒體時，必須謹慎拿捏與他人的距離。

無論在任何情況下，都不要讓自己感覺「我是一個人」，請一定要強烈意識到「我並不孤單」。

Care Proposal

83

100

確認自己所擁有之物，緩解負面情緒

人在將自己與他人互相比較時，傾向於聚焦在「自己缺乏的東西」。看到別人擁有高級品牌的包包或鞋子、限量版的化妝品、甚至是需要排隊才能買到的甜點，我們可能會感到羨慕，甚至嫉妒。同時，也可能會因此責備自己，覺得自己不夠好，進而產生「這樣下去真的可以嗎？」的不安感。但，沒有高級品牌的包包或限量的化妝品，真的那麼不幸嗎？

的確，從某個角度來看，這或許會讓人感到失落，但你是否已經擁有很多其他的東西了呢？或許你認為那些是理所當然的，例如家人、工作、所受的教育等，但有些人可能正對此求之不得。

「擁有」與「沒有」之間的差距，並非代表不幸。當你感到不安時，重點不在於你「沒有什麼」，而是在於你已經「擁有什麼」。

HAPPY
Birthday
Diary

Care Proposal

84

100

用力踏腳，能平靜心靈

「踏腳」是指相撲力士在土俵上進行的動作，即單腳高高抬起，並用力踩地。這個動作有著鎮壓大地的意義，實際上對我們來說，也能起到鎮靜心情、安定情緒的效果。

當我們面對困難、不安或痛苦時，身體的力量會傾向於往上升。比如，血氣上升、呼吸變得急促淺短、肌肉僵硬、肩頸部位緊繃，這些都是因為這種傾向所造成的。當出現這些症狀時，請試著深呼吸，做十次「踏腳」的動作吧！用力踏向地面的動作，可以將向上的力量轉移到向下，幫助我們平靜下來。此外，進行深蹲運動也有類似的效果。

透過這些簡單的行為，不安的情緒往往可以得到緩解。不妨嘗試看看，或許會有意想不到的效果。

Care Proposal

85

100

擁有複數的壓力，能增強內心的耐受度

「壓力當然是越少越好，為什麼會建議擁有複數的壓力呢？」這可能會讓人感到困惑。不過，實際上這是有道理的。

壓力確實多不如少，但如果只有一種壓力，其實是很辛苦的。當壓力只有一種時，我們容易過度聚焦於這一點。例如，如果只有一份兼職工作，而那個公司突然倒閉，你會感覺像世界末日一樣絕望。但如果你有多份兼職工作，那麼你會有「還可以靠其他工作應付」的心態，這樣心情會輕鬆一些。

壓力也是如此。當壓力只有一種時，會因為執著於這一點而感到煩惱不已。但如果有多種壓力，這些壓力會被分散，耐受力也會增強。與其被單一壓力困擾，不如選擇多種壓力來提升自己的耐性。

Diary

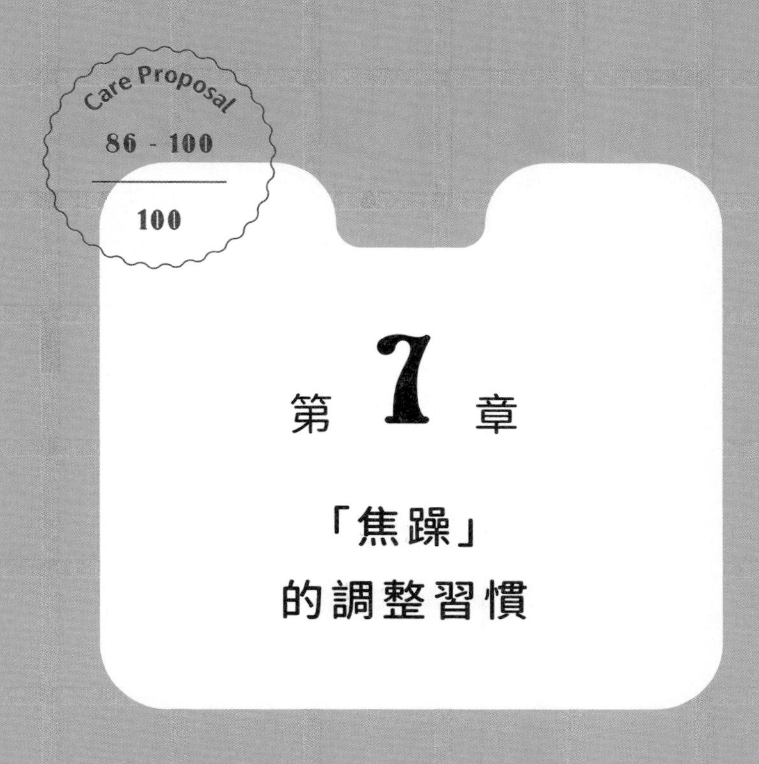

第 7 章

「焦躁」的調整習慣

Care Proposal

86

100

定時看看外面的景色，轉換心情

工作怎麼做都做不完、電腦狀況很差……因為突如其來的問題而花了大把時間，讓人不禁感到煩躁。一般來說，讓人焦躁的原因可分成兩大類，一類是當事情不如己願時所產生的煩躁；另一類主要出現在女性身上，是由於荷爾蒙平衡變化所引起，與自身意志無關的煩躁。此外，還有兩者交疊在一起的煩躁。

有方法可以緩解煩躁情緒：當你在室內感到焦躁時，請每隔一段時間就看看外面的景色，讓眼睛休息吧！或者，抬頭看看天空也是很好的方式。

尤其在忙碌的日子裡，請找些時間慢慢欣賞景色和天空，巧妙地讓自己轉換心情吧！

Care Proposal

87

100

每天做三分鐘的腹式呼吸，放空大腦

腹式呼吸是指在吸氣時讓腹部膨脹，呼氣時讓腹部收縮的一種呼吸法。首先，從鼻子慢慢吸氣，想像將吸入的空氣儲存在腹部，讓腹部逐漸膨脹。接著，將儲存在腹部的空氣從嘴巴慢慢吐出。呼氣的時間要比吸氣長約兩倍，緩慢地、逐步地，感覺將體內所有不好的東西全部排出。

腹式呼吸可以調整自律神經的平衡，幫助平息煩躁、壓力和焦慮情緒。當自律神經失調時，各種感官會變得過度敏感，對平常不會在意的刺激也會有所反應，繼而產生煩躁或壓力。當你意識到自己「感到煩躁」時，就試著進行三分鐘的腹式呼吸來調整自律神經的平衡吧！在進行腹式呼吸的過程中，盡量讓大腦放空，不要思考那些引起煩躁或壓力的事情，只要專注於呼吸就好。

Care Proposal

88

100

大聲唱歌，讓心情感覺舒暢無比

當你感到煩躁或壓力積累時，大聲喊叫或唱歌也是一種有效的解壓方式，能幫助消除鬱悶的情緒。透過大聲發聲，感覺內心的煩躁也隨之被排出，讓人神清氣爽。即使只是單純地大喊「哇！」或「嗚！」這樣的聲音，也能達到紓解壓力的效果，但如果是唱歌的方式，效果會更加顯著。唱歌不僅能讓你大聲發洩，感覺舒暢，還能帶來愉悅的情緒，並促進唾液分泌。

唾液分泌增加時，唾液中的皮質醇（一種因壓力而分泌的荷爾蒙）比例會減少，能夠減輕壓力，並幫助我們更容易感到放鬆。在覺得焦躁和壓力大的時候，就去KTV盡情歡唱，把負面情緒和歌聲一起唱出來吧！

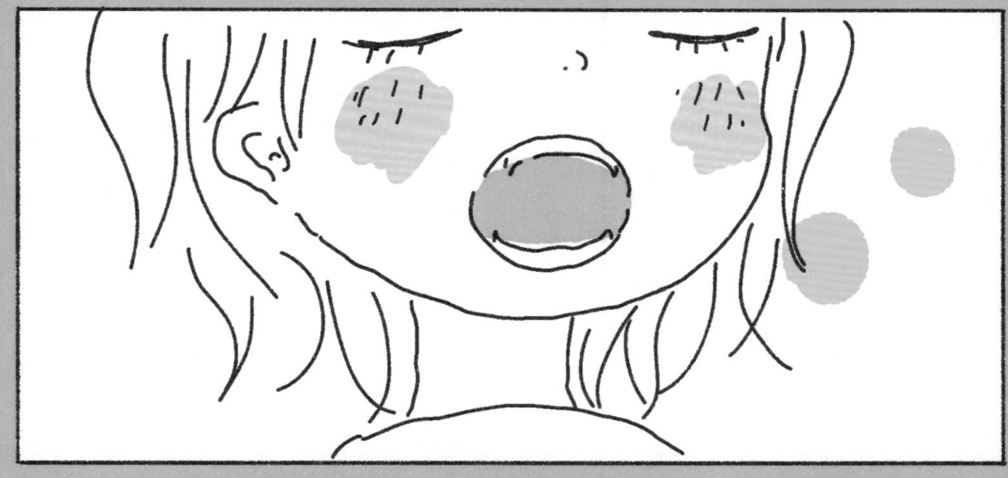

Care Proposal

89

100

全力緊繃再一口氣放鬆，消散煩躁感

當你感到煩躁時，不僅心情緊張，身體也會變得僵硬；而當心情放鬆時，身體也會隨之放鬆，心與身就是如此相互連動的。因此，如果你能放鬆緊張的身體，心情也會變得放鬆。利用這個法則，我們可以同時讓心靈和身體達到放鬆的狀態。

當你意識到自己煩躁時，先將全身用力緊繃，盡可能使出全力。然後，迅速地將全身放鬆。這麼做會讓你原本緊繃的身體瞬間釋放壓力，進而達到放鬆的效果。隨著身體的放鬆，心情也會變得輕鬆，煩躁感隨之消散。「緊握雙拳，再快速張開手掌」，或者「使勁閉上雙眼，再迅速睜開」等方法具有類似的效果。習慣這個方法後，也有助於減緩肩膀僵硬及頭痛的情形哦！

Care Proposal

90

100

專注在呼吸上，沉澱心情

當我們感到煩躁時，能夠盡可能避免壓力當然是最好的，但實際上，想完全避免是不可能的。重要的是，當我們覺得焦慮時，知道如何有效應對。

腹式呼吸能調整自律神經的平衡，幫助平息煩躁、壓力和焦慮情緒。當你感到心情混亂時，試著把注意力集中在呼吸上。這種方法也稱為「正念」，是一種冥想方式，常用於治療恐慌症或憂鬱症。

專注於呼吸的好處，是無論何時何地都可以輕鬆進行，無須特別的場所或時間安排。如果你感受到強烈的壓力，情緒激動，不妨閉上眼睛，慢慢深呼吸。當你專注於呼吸時，就能簡單關掉思考的開關，心情也會慢慢地沉澱下來，回到安穩的狀態。

Care Proposal

91

100

食用椰棗，鎮靜煩躁情緒

容易感到煩躁的人，可能是因為體內缺乏鐵質的緣故，建議食用「椰棗」來減緩負面情緒。椰棗是棗椰樹的果實，富含鐵質，大多以果乾的形式販售，據說十分受到埃及女王克麗奧佩脫拉（Cleopatra）的喜愛。女性特別容易因生理等因素而缺乏鐵質，如果鐵質不足，運送至體內的氧氣減少，容易感到疲倦與焦慮，形成惡性循環。

除了鐵質外，椰棗還含有鎮靜煩躁情緒的營養素，如鈣、維生素B和鋅，都有助於緩解壓力。因此，對於那些缺鐵或因壓力困擾的人，不妨常備椰棗，養成食用椰棗的習慣，有助於改善心靈和身體的不適。不過，由於椰棗熱量較高，請務必注意適量食用。

Care Proposal

92

100

保持良好姿勢，更能耐受壓力

心靈的健康會被一些意想不到的因素所影響，其中一個就是「姿勢」。根據美國的研究指出，當人們抬頭挺胸、保持良好姿勢時，比起駝背前傾、姿勢不良的狀態，更能耐受壓力和疼痛。另一方面，姿勢不良時，由於前傾的姿勢會壓迫肺部，導致呼吸變淺，無法傳送足夠的氧氣和營養至全身，不僅會對頸部和肩膀的肌肉與關節造成額外的負擔，還會使自律神經失調，容易受到壓力的影響，而導致偏頭痛。

想保持良好姿勢，就要確實使用背部、腰部、臀部等處的肌肉，這也會促使「幸福荷爾蒙」血清素大量分泌，轉變成不易感到壓力的狀態。當我們面對困難時，往往會不自覺地低下頭，但此時應該抬頭挺胸，改善姿勢，擊退壓力。

Care Proposal

93

100

深深嘆氣，有效釋放焦躁與緊張感

當你嘆氣時，可能會有人問「發生了什麼不好的事嗎？」，或者告誡你「嘆氣會讓幸福跑走哦！」。嘆氣通常會給人負面的印象，但事實上，嘆氣對於緩解心靈和身體的緊張以及消除疲勞是非常有效的。當我們嘆氣時，會刺激主導放鬆的副交感神經，繼而逐漸緩解情緒。如果你能深深地、徹底地吐氣，會更有效地釋放焦躁和緊張感。

持續吸氣的話，有時可能會引發過度呼吸，但吐氣並不會帶來什麼壞處或風險。嘆氣其實是身體用來平息煩躁的一種智慧。試著大聲地「哈～」幾聲，重複深深的嘆氣，這將有助於你更好地放鬆身心。

Care Proposal

94

100

不要比較，不要評價

我們總是在無意識中與他人比較，像是：「那個人賺得比我多」、「那個人的社群媒體比我得到更多『讚』」、「主管給那個人的評價比我更好」等，人們總是將自己與他人放在一起比較。然而，這樣的比較只會讓人煩躁。不管如何與他人相較，自己的薪水和「讚」數都不會增加，反而只會積累更多的負面情緒。因此，學會「別人是別人，我是我」的心態，放下這些比較，才是關鍵。

此外，也請盡量避免對他人有所批評。好的評價當然沒問題，但若口出惡言批判他人，後續會發生各種麻煩的事情，甚至會後悔「早知道不要那樣說就好了」，陷入厭惡自己的心情之中，最後搞得壓力更大。這種自找麻煩的行為，還是盡量避免比較好。

Care Proposal

95

100

喝一杯水，滋潤心靈和身體

如同「為了健康，一天要攝取兩公升的水」這句話所說，適當地攝取水分，對於維持身體健康是非常重要的。

人體有百分之六十是水，血液和體液等水分對於保持身體機能至關重要。近年來，研究發現，水分不足不僅會影響身體健康，還會對心理狀態產生影響。美國的一項研究顯示，年輕男性的焦慮和疲勞、年輕女性的煩躁、不快感以及動力消退，都與脫水症狀有關，證實了水分不足與心理不適之間的關聯。

當你感到煩躁或心情低落時，養成喝一杯水來滋潤心靈和身體的習慣吧！在遇到困境時，越是焦急，越應該慢下來，喝一杯水，並進行深呼吸。如此，可以讓自己冷靜下來，有助於想出更好的解決方法。

Care Proposal

96

100

睡前好好稱讚自己，提升自我肯定感

如果被別人稱讚，就算只是小事也讓人覺得開心。「今天的衣服很漂亮，很適合你！」聽到這句話，一整天都會很愉快，心情很好吧？然而，我們並不是經常會有被人稱讚的機會。既然如此，何不養成自己稱讚自己的習慣呢？特別是在晚上睡覺前，給自己一些誇獎是非常推薦的做法。

在晚上睡覺前，對著鏡子說些「今天也辛苦了」、「你做得很好，真是了不起」、「因為好好保養，頭髮和肌膚看起來都非常漂亮呢」……這樣的話，這些讓自己開心的誇獎，會讓你帶著愉快的心情入睡，隔天早晨也會滿面笑容地醒來。除此之外，自我稱讚還能提升自我肯定感，是值得養成的好習慣。

Care Proposal

97

100

深深呼吸，緩和尖銳的心情

憤怒會嚴重影響自律神經的平衡，進而破壞心理和身體的狀態。「那個人那種說話方式真讓人氣憤」、「為什麼我要被這樣說呢」等情緒一旦激動起來，你會意識到「啊，我現在在生氣」或者「我快要生氣了」。當你察覺到這一點時，有一件事希望你能養成習慣，那就是「保持沉默，並且深呼吸」。

憤怒有一個有趣的特點，就是當你能客觀地意識到自己在生氣時，憤怒的程度往往會減少一半。因此，首先要做的是察覺到自己正在生氣。接著，在察覺到憤怒後，先做一個大大的深呼吸，讓副交感神經變得活躍。這樣，因憤怒而緊繃的心情和身體會逐漸放鬆，尖銳的心情也會緩和下來。即使想對引發憤怒的人說些什麼，冷靜選擇措辭後再表達你的感受，也比在氣頭上衝動發言，更能有效地傳達出你的想法哦！

Care Proposal

98

100

思考自己的理由，調整紊亂的自律神經

我們每天都會遇到許多令人煩躁和有壓力的事情。壓力的來源因人而異，有些事情可能是我們無法控制的。然而，有些人會因為自己的行為、習慣和怪癖而陷入困境，例如，那些認為自己必須全力以赴的人，可能會因為不願放過任何工作而承擔過多事務，最終導致壓力過大。此外，完美主義者可能會因為一點小錯誤就自責不已。

很多時候，壓力是自己造成的。當我們因為犯錯而感到煩躁時，如果能意識到「啊，我的煩躁其實是源於我自己的想法」，就能慢慢調整自律神經的平衡，讓心情平靜下來。

Care Proposal

99

100

早上起來一小時內，散步三十分鐘

早晨的散步有許多值得期待的效果。首先，是早上外出沐浴在陽光之下，藉由陽光重設生理時鐘、讓生活規律，能調整自律神經的平衡。第二，是具有促進幸福荷爾蒙血清素分泌的效果。在太陽下散步，能促進血清素的分泌，讓人不容易產生焦躁的情緒。第三，早上運動可讓中午前的表現達到最佳的效果，這是因為運動身體可使交感神經活躍，讓大腦由放鬆模式切換成活動模式，因此能發揮最佳的表現。

如果是「早上昏昏欲睡，不管做什麼都毫無進展」的人，更是推薦在早上散步。可能有人會在意紫外線，但相較之下，早上陽光較弱，也可以製造身體所需的維他命D*。所以請養成早上散步的習慣，藉此調整心靈和身體吧！

*若想仰賴日曬的方式讓身體合成維生素D，最佳的照射時間建議為上午十點到下午三點之間。

100

100

慢慢說話，發揮語言的力量

為什麼慢慢說話能幫助抑制煩躁情緒呢？這當然是有原因的。首先，慢慢說話能夠調節多餘的情緒。當人變得越來越情緒化時，說話的速度通常會加快。回想一下那些生氣的人，他們通常說話都很快，對吧？但是，當我們放慢說話速度時，情緒的高漲會得到控制，我們就不容易情緒化或說出多餘的話，也減少了傷害他人的風險。

此外，慢慢說話能讓呼吸更加穩定，繼而使副交感神經系統占優勢，調整自律神經的平衡。

更重要的是，慢慢說話還有助於發揮言語的最大力量，能讓聽者更容易留下深刻印象。因此，當你希望對方能夠理解並接受你的話時，慢慢說話會更加有效。當我們觀看那些留下深刻印象的演講者時，會發現他們大多數都是以緩慢的速度說話，大家不妨試著養成這樣的習慣。

「現在的你」，將形塑「未來的你」

大家覺得如何呢？本書所舉出的一百個習慣，是不是比你所想的更簡單輕鬆呢？

譬如說，改變早餐的菜單、調整睡眠時間；

喝一杯水、選擇不會緊勒住身體的衣服；

特意爬樓梯、以自己的步調回覆電話和信件；

與負面的新聞保持距離……

你或許會這麼想：「做這些事情真的能改變我自己嗎？」

當然，這些行動不能只在「想到的時候」做，而是要盡量持續下去才是重點。正因為這些行為簡單易行，所以養成習慣是很重要的哦！

至今為止，你可能都無意識地持續著「壞習慣」。

讀完本書後，請察覺你的「壞習慣」，請務必嘗試將它們轉變為「好習慣」。能夠察覺到「壞習慣」本身，就是一件了不起的事情。

生活中當然會有不如意的時候，但既然我們已經活在當下，就讓我們保持希望，慢慢地增加讓自己快樂的日子吧！你可以從每天一項小改變開始，或是選擇你最喜歡的地方來嘗試。

那麼，為什麼我這麼重視「習慣」呢？讓我稍微談談。

我是在福岡市內的急救責任醫院開始我的醫生職涯的。

在最初的兩年裡，我處理了許多急性疾病患者，例如中風和心肌梗塞。

我注意到，送到急診室的患者健康狀況往往非常差，像是血壓、血糖值、膽固醇等數值都非常糟糕。

那些看似健康、正常行走的人，突然變成了臥床不起或需要輪椅的人。這樣的情況不僅對患者本人，對其家人和周圍的人也是巨大的打擊，甚至必須為了陪病、照護而辭職。

在面對這樣的情況後，我深刻體會到「平時預防疾病的重要性」。

如果從年輕時期就注意生活習慣，

或是能養成及時調整身心狀態的習慣，

或許就不容易得到重大疾病了吧？

現在的你還很年輕又健康，或許會覺得「那都是很遙遠的事」，所以只顧著眼前的事情吧？

但「現在的你」確實與「未來的你」息息相關。

你的人生主角是「你自己」。每當你今天養成一個好的習慣，未來的你就會更加健康、美麗。

讓我們一起努力，積累良好的習慣吧！

參考文獻・網站

《身體溫暖就會變美：美人兒的祛寒書》石原新菜著，楓書坊

《女生要好好的：用一張圖，學會美麗健康祕訣》小池弘人著，大田

《自我照顧百寶箱：100個與壓力和平共處的自救提案》伊藤繪美著，遠流

《自我調整的習慣：重整自律神經，讓身心回歸平衡的108條行動準則》小林弘幸著，楓葉社文化

《遠離慢性疲勞！消除疲累大百科：睡眠、飲食、習慣、工作、壓力，讓你整天不累的70個妙招》工藤孝文著，高寶

《不生病大百科》（かからない大百科，暫譯）工藤孝文著，WANI BOOKS

《成年女性拉警報！身體異常徵兆圖鑑》工藤孝文著，楓葉社文化

「工藤孝文的家庭醫生頻道」YouTube 等

國家圖書館出版品預行編目資料

拯救低潮身心的自我照顧提案：心理學・營養學解憂處方 × 溫暖插畫，100 則日日療癒好習慣 / 工藤孝文著；米宇譯 .-- 初版 . -- 臺北市：日月文化出版股份有限公司，2024.11
248 面；14.7×21 公分 . --（大好時光；86）
譯自：凹まない 100 の習慣
ISBN 978-626-7516-50-8（平裝）
1. 習慣 2. 生活指導 3. 心理衛生
176.74 113014671

大好時光 86

拯救低潮身心的自我照顧提案

心理學・營養學解憂處方 × 溫暖插畫，100 則日日療癒好習慣

凹まない100の習慣

作　　者：工藤孝文
繪　　者：EMIKO KOIKE（こいけえみこ）
譯　　者：米宇
主　　編：俞聖柔
校　　對：俞聖柔、魏秋綢
封面設計：水青子
美術設計：LittleWork 編輯設計室

發 行 人：洪祺祥
副總經理：洪偉傑
副總編輯：謝美玲
法律顧問：建大法律事務所
財務顧問：高威會計師事務所
出　　版：日月文化出版股份有限公司
製　　作：大好書屋
地　　址：台北市信義路三段 151 號 8 樓
電　　話：（02）2708-5509　傳　　真：（02）2708-6157
客服信箱：service@heliopolis.com.tw
網　　址：www.heliopolis.com.tw
郵撥帳號：19716071 日月文化出版股份有限公司

總 經 銷：聯合發行股份有限公司
電　　話：（02）2917-8022　傳　　真：（02）2915-7212
印　　刷：軒承彩色印刷製版股份有限公司
初　　版：2024 年 11 月
定　　價：380 元
I S B N：978-626-7516-50-8

生命，因閱讀而大好